sa chnoc

rody gorman

CLÀR

CLÀR

Foillsichte le CLÀR, Inbhir Nis, Alba

A' chiad chlò 2023

Air a chur ann an clò Minion
le riverdesignbooks.com

Air a chlò-bhualadh le 4Edge Ltd., Hockley, Essex

Tha clàr-fhiosrachadh foillseachaidh dhan leabhar seo
ri fhaighinn bho Leabharlann Bhreatainn.

Chuidich Comhairle nan Leabhraichean am foillsichear
le cosgaisean an leabhair seo.

LAGE/ISBN: 978-1-8382337-5-4

CLÀR-INNSE

Buidheachas

Nochd cuid de na dàin sa chruinneachadh seo anns na foillseachaidhean a leanas:
Archipelago; Cabhsair/Causeway; Dàin do Shomhairle/ Poems for Sorley (Scottish Poetry Library, 2011); *Entanglements* (Two Ravens Press, 2012); *New Writing Scotland; Northwords Now; Struilleag/Shore to Shore* (Polygon, 2015); *The Hour in the Tower; www26Treasures.com; www.wigtownbookfestival.com.*

Buidheachas cuideachd do dh'Alba Chruthachail agus do Chomhairle nan Leabhraichean a thug taic seachad.

Sa Chnoc

1. Aithris

Anns an aithris anns an taobh den dùthaich
Anns am beò sinn, dh'fhàg am bodach
Cùl ris an t-saoghal a dhol air chluainidh
Sna h-aonaichean as fhaid' air falbh
Is dh'iarr am freiceadan air aig a' chrìch
Stad agus cruinneachadh a dhèanamh
Agus a chuid ionnsachaidh nochdadh.

Rinn e dìreach mar a chaidh iarraidh.
Shiubhail e 'n uair sin gu taobh thall a' bhealaich
Is chan fhacas a-rithist e gu sìorraidh tuilleadh.

2. Mi Nam Li Po

Tha mi dol a dhol nam Li Po
A-mach air muin asail a h-uile madainn
Le sgalag agam ri mo chois
Le sporan aige na bhois.

Mar a shiùbhlas mi 'n dùthaich,
'S ann a nì mi mo dhàin
'S bidh mi 'n uair sin gan caitheamh
A-steach am broinn an sporain.

Aig an taigh san fhionnairidh,
Crathaidh mi saothair an lath' a-mach
Is cuiridh mi crìoch air na dàin.

Cha sguir mi den obair seo
Nas lugha na bhios mi ga mo dhalladh
Air neo air falbh air tòrradh.

3. Smùid is Toit

Solas na gealaich gu h-àrd na laighe
Mar uisge na lainnir air feadh na dùthcha
'S a' ghaoth ri sianail an lùib nan craobh
A' beantainn gu ciùin ris a' chlàrsaich
Is ris an leabhar air an langasaid.

Sgàil dhubh 'n uisge na chaitean a' slugadh
Corran ud na gealaich ri càil an latha.
Mi air mo dhùsgadh le oiteag mun leabaidh
A' sguabadh smùid an t-saoghail air fad
Às m' inntinn. *Èirich! Toit! An sgailc-nide!*

4. A' Chorra-ghritheach

A' chorra-ghritheach fo sgàth
Craobh-ghiuthais ris a' ghrèin
Mar ìomhaigh na seasamh
Leatha fhèin sa chruinne-chè,
Cho geal ri canach an t-slèibhe
'S dubh mar am fitheach le chèile.

Meud a suime sealltainn
A-mach air an linne chiùin
Thall bhuaipe gun charachadh.

Ach duine nochdadh,
Siud i air togail do na speuran
Mar anam air dealachadh ris a' chrè.

5. Dealbhan

Dealbhan: crodh Gàidhealach, dubh, fiadhaich
Fhèin dubh, bho smachd, ri bacan, air an cur
Ann an uidheam is gun sgaoileadh fhathast.

Iad a' fàs cho solt is gun leigear
A-mach iad gus fàrsan leotha 's leantainn
Ris a' bhuachaille don taigh, rèidh rèidh.

Anns gach fear, bidh iad a' fàs nas gile
'S rionnagan a' Chroinn air fad a' nochdadh
Is, anns an fhear mu dheireadh, cruinne shlàn.

Dh'fhalbh an crodh 's an duine le chèile
Gus nach eil air fhàgail ach solas na gealaich
Gun sgàth leis an dà mhìle rud na broinn.

Ma tha thu 'g iarraidh a' bhrìgh seo thuigsinn,
Cha leig thu leas ach dìreach sùil a thoirt
Air na sìtheanan ud a-muigh sa bhlàr
Is an cuid cùbhraidheachd, milis is ùr.

6. Geur

Dithis bhodach nan seasamh cruinn
Còmhla taobh ri soitheach
Air a lìonadh làn le fìon-geur
Na shamhla den bheatha
'S thum iad an urra
Meur na bhroinn gus fhaireachdainn.

Thuirt an dàrna fear:
Goirt. Geur. Is thuirt am fear eile:
Seadh, geur. No garbh searbh.
Nochd mo leug is dh'fheuch e fhèin e:
'S e na thuirt e: *Tha 'm facal geur fhèin geur fhèin*
Ach is milis leam am facal fìon.

7. Sealladh

Am Binnean air Nach Gabh Ruigheachd shuas
Air a' Chuilitheann 's an dàrna cuid
Am falach na bhaideal
Air chleas an t-sneachda san Dùbhlachd
Agus am bàrr air falbh
A-mach à sealladh a-muigh 's a-mach
Bhon rèidhlean aig a' bhonn
Le iomadach gàbhadh is cruas
Na char agus riochdail,
Riochdail fhèin air a shon sin.

8. Stad

Bodach ri ceum na stad thall
Cho rèidh ri corra-ghritheach
Air aonach air a' bhealach
Gu mullach Beinn a' Mheadhain
Eadar dà thaobh an Eilein
Feasgar eadar àrd is ìseal.

9. Yin-yang

A' chruinneag trang air a glùin
Am broinn a' ghàrraidh air iathadh
A' cur is a' mathachadh na h-ùrach
Fo sgàth nan craobh 's nam fuaran
Agus an t-uisge dol na thàmh, bodhar,
Air bàrr glumag nan iasg-òir.

Is am bodach air èirigh dìreach
Is a' fosgladh doras a' bhothain-aoil
Sam bi e ri càradh is cruthachadh bho mhoch
Gu dubh mar an donas is an dèidh sin
Ga shìneadh fhèin air suidheachan
Gus an ceò 's an deò mu dheireadh a ghabhail.

10. Rèidh

Am bodach air falbh na bliadhnaichean
'S mo mhàthair air mhaireann
Air an talamh, rèidh a' faireachdainn
Is leagte ris mar dhàn
Is air a dìon leis gu bheil i creidsinn
Gu bheil e fhèin daonnan a' coimhead oirnn
'S air a h-uile càil fon ghrèin
Bhon ionad aige sna nèamhan.

11. Cuspair

'S tu mo chuspair, a chiall 's a ghràidh,
'S e sin ri ràdh m' adhbhar
Is an t-amas air am bi mi gabhail cuimse
'S nuair a bhuaileas mi 'm ball cruinn
Sa mheadhan mar chomharrachadh air cho ainneamh,
Sin agad na cuspairean gu lèir
Air a thighinn le chèile
Glan agus mar-aon.

12. Faireachdainn

A' dìreadh an aonaich gu bearradh
Sgurra Dubh an dà Bheinn
Ri solas àrd an latha
'S m' anail a' fàs mall
'S mo chridhe bochd ri sgàineadh
Is am bealach a' dol bho lèirsinn
Is mi faireachdainn mu sgaoil
Dìreach mar neach gun urra.

13. Tollachas

'S uaisle toll no tuthag
Mar a thuirt am bodach eile.
Chan eil annam fhìn ach fear air a tholladh –
Ciamar a b' urrainn dhomh m' anail
A ghabhail is a tharraing
Agus faicinn is cluinntinn
Is càil a ghabhail mar mo lòn
Agus mo ghnothach a dhèanamh
Is clann a chruthachadh mura b' e
Na th' ann de thuill air mo shiubhal?

14. Shan Shui

Ri mo dhàin, a' tarraing mo chuid dhealbh is a' seinn
Agus a' ghaoth sa ghiuthas is an t-uisge sa bheinn.

15. Sa Chnoc

Sa chnoc leam fhìn, abair gu bheil sealladh
A' nochdadh air gach taobh. An Teanga ri làimh,
A' Chomraich thall air tìr-mòr, a' falbh gu deas
Air an fhàire bhuam an Solas Murchanach
A' gobadh a-mach, na h-Eileanan Siar air a' chuan
Is an cànan a chleachdas mi mar as àbhaist
Mar innleachd a' caochladh nam fhianais.

Rud a tha cheart cho math, ge-tà,
Leis nach gabh na bhios mi feuchainn
Ri cur an cèill ann an seagh
Cur an cèill ann an cainnt seach labhairt
Is, nuair a thig e gu aon 's gu dhà,
Cha mhotha 's lèir dhomh gun tèid
Aig an tost air a chur a bharrachd.

Sporghail

Am pàillean a bha 'n sin
A ghlèidh sinn gu h-àrd –
Cho tùngaidh 's a bha e faireachdainn! –

Far an d' rinn sinn sìneadh leis a' bhodach
Aon dà fhichead bliadhn' air ais
Anns a' choille no ris a' chladach

Thall thairis is aig an taigh
Samhraidhean mu seach,
Thachair mi air an-diugh

'S rinn mi a thoirt a-nuas
Is a leagail air beulaibh an taighe
'S a sgaoileadh a-mach air an rèidhlean.

Chuir mi suas a' chabhail.
Chuir mi na bacain san talamh.
Rinn mi a dhùnadh na aodach

Is leig mi 'n solas a-steach.
Leig mi orm gun robh sinn
Cruinn còmhla mun a' bhòrd

A dh'ullmhaich a' chailleach gu tràth
'S dh'fhairich mi ri mo chùlaibh sporghail
Am badeigin fon doras –

Cha robh agam ach *Dìleas*
Is cnàimh a thaisg e ga rùrach aige
No e 'g iarraidh cuid-na-h-oidhche.

Solas

Tha mo mhàthair fhathast a' fuireach againn.
An dèidh dhi dol innte, bidh mi faicinn
An t-solais a' nochdadh à sgàineadh
Eadar an doras is an làr.
Chan e nach tèid aic' air cadal idir
Ach, leis gu bheil i aig an aois ud
Aig am bi neach air a dhol seachad
Air colainn-crè 's cnàimh,
'S e th' agam a h-anam ris
A' boillsgeadh a-mach às an dorchadas.

A' Siubhal Siar

Air an turas air ais
Eadar Inbhir Nis is an Caol
Is an ciaradh a' tighinn air na caoil
Is mo chùl ris an rathad
A tha sinn a' siubhal siar
Don taigh mu dheireadh is mi leughadh
Aig a' bhòrd leam fhìn

Is an t-àite falamh
'S gun de chuideachd agam ann
Ach mo sgàth
Sa ghlainn' ud thall 's a-bhos
Is na tha mi faicinn air mo bheulaibh
A' dol seachad
Is an uair sin à fianais uile-gu-lèir.

Cèilidh

A' dol seachad air Cille Mhoire
Feasgar gu mall anns an t-sneachda
'S e cianail bàn is balbh,
'S ann a thàinig e dham ionnsaigh
Gum bi sinn fhìn agus a' chlann
A' togail oirnn uair eile gu tìr
Na caillich a-staigh leatha fhèin
A dh'ùine gun a bhith fada
Nar n-aon diùnlaich a' siubhal bhon bhlàr
Gu cèilidh na Bliadhn' Ùire.

Sgrìob

Ghabh mi sgrìob fo na rionnagan thar tomhais
Agus ghabh mi beachd
Is chan ann air mar a dh'fhalbh
An tè a bh' ann an-uiridh
Sa bhall seo na mo chuideachd
Ri dealachadh nan tràth bho chianaibh
Ach air a liuthad sin faileas
A bhios a' ghealach a' leigeil ris
Mar lorg mun chruinne-chè gu lèir a-nochd.

Deoch-chuimhneachain

Guinness letheach falamh 's tè-bheag
Air am fàgail air bhàrr na ciste
'S an t-àm ann a bhith tarraing
Is a' dèanamh air an taigh mu dheireadh
Thall 's a-bhos anns an taigh-sheinnse
Far a bheil an fhaire ga cumail.

Is fear-frithealaidh ann an dubh
'S geal mar chlèireach a' tighinn a-nall
Le *empty* no dhà gan giùlan san dà làimh aige
'S e dlùthachadh ris a' bhòrd
Agus a' cur na ceiste:

All these, are they dead?

Bells

Na mo shìneadh ann an taigh-seinnse
'S na gillean ri seinn,
'S ann a dhùisg mi
Gun fhiosta 's thug mi sùil air an uaireadair:
NEONI NEONI: NEONI NEONI: NEONI NEONI
NEONI NEONI.NEONI AON
DHÀ NEONI AON AON – 's e th' ann –
Tha fios nach e! – latha na h-aoise dhomh fhìn
'S beum nam *Bells* a' chiad char
Dhen a' Bhliadhn' Ùir le chèile.

Ìomhaigh

Dhùisg mi gun fhiost' às mo shuain
Mar sin a' chiad char
Nuair a dh'fhairich mi brag.

Ruith mi a-mach rùisgte cha mhòr
Feuch dè bh' ann 's fhuair mi smeòrach bheag
Na h-aon mheall rag romham air an làr.

Chan eil fios nach do chuir i às dhi fhèin
'S i air a tàladh fad prioba nan sùl dhan uinneig
Leis an ìomhaigh na sgàil aice na broinn.

An Gineadair

'S ann a bha sinn air fàs
Cho cleachdte sin ris
Agus eòlach air is nach tug sinn an aire

Don t-srann ud
A' falbh gun stad
No don chumhachd a bharrachd

Is e sgaoileadh air feadh an eilein
Gus an deach a chur dheth
Mar a chaidh bho chianaibh –

An gineadair taobh ris an àit' aige fhèin
'S e na sheasamh gu h-àrd
Bhuainn an ceann shuas a' bhaile.

Glac an Dorchadais

Os cionn Chille Donain Eige,
Fitheach a' sgiathalaich is a' sgàireanaich leis fhèin
Gu h-àrd timcheall 's timcheall na creige
Ri Glac an Dorchadais ri grèin
Is an uair sin a' teàrnadh is a' dol a laighe
Mun fhritheach ann am Beinn Taighe.

Tùr ann an Aldeburgh

Agus mi ri mo dhàn
Gu h-àrd anns an tùr
Leam fhìn fad uair a thìde,

Chì mi sa mhol cailleach
Bhuam agus clann-nighean
Shìos air an dà ghlùin

Is maide 'n làmh gach duine
'S iad a' cur rin saothair fhèin
Mar gun robh iad san tràigh-mhaorach

Sna faochagan anns an eilean
Seach an tòir air an òr
Fodhpa 's cnàmhan Bhritten.

Ris an t-Sìde

Chì mi fhathast sibh
Ris an t-sìde reòta
Nur n-anail air mo bheulaibh
Shuas anns an àile
'S an lorg mo choise
Shìos fodham san t-sneachda.

Feasgar Disathairne

'S e na tha seo de dh'othail mun bhaile –
Clann is coin ri mire, na ba-laoigh sa geumnaich,
Eunlaith ri ceileireadh, mèilich, slacadaich
Aig sàbh-slabhraidh, carbad
A' teàrnadh Bruach na h-Àirigh
'S mu na ceàrnaidhean air fàire
An t-sàmhchair ud
A tha daonnan air an cùlaibh.

A-chaoidh

San taigh san d' fhuair e fhèin àrach,
Os cionn an teinntein,
Seall, na crogain
Agus na soithichean
De nach tèid feum a dhèanamh
'S math dh'fhaodt' a-rithist a-chaoidh.

Dealbh

A-nis agus am bodach air falbh,
'S ann a thèid agam air
Aithne 's eòlas a chur air mu dheireadh

Agus gaol is gràdh is meas
A thoirt dha ga rèir
Agus adhradh mar a bu chòir fiù 's

Na dhealbh cruaidh gun smal, na ìomhaigh
Gun charachadh air mo bheulaibh.

Leth 's Leth

Am bodach is a' chailleach
Ri thaobh sa chiaradh,

Air am beulaibh,
Leth 's leth

'S gun ghuth bho neach
Seach neach dhiubh.

Gàire

Tha cuimhn' agam air a' ghàire
A chluinninn 's mi nam phàiste
'S feadhainn air aoigheachd a-staigh
Againn feasgar Didòmhnaich
Fad beagan uairean a thìde

'S an uair sin àm-laighe 's àm-dealachaidh
'S an lasachadh
A thill mar bheum na h-àite.

Fadhail

Chaidh meòmhair an t-sluaigh againn a chall
Agus chaidh sinn fhìn iomrall
Ged a bha 'n rud ri fhaicinn far comhair thall
Nuair nach do ghabh sinn an fhadhail
Far an do thadhail is nach do chaill
Sliochd Alasdair MhicIlleMhìcheil.

Am Fear

Am fear a bhios air thoiseach, sealladh e na dhèidh.
Am fear a bhios na thàmh, faodaidh e laighe anmoch.
Am fear a bhios fad' aig an aiseag, 's fheudar dha coiseachd.
Am fear a bhuaileadh mo chù, cuiridh e 'n cat san teine.
Am fear a dh'itheas an ceann, cuireadh e a-mach.
Am fear a ghoideadh an t-ugh-circe, ghoideadh e 'n t-snàthad
mhòr.
Am fear a phòsas bean, cha teagaisg duine.
Am fear a ruitheas an eathar shalach, cha treabh e air tìr.
Am fear a thèid a-mach air na h-uaislean, cha bhi iad aige 'n àm a'
chogaidh.
Am fear air am bi beul, gheibh e ìm.
Am fear a bhios a' riarachadh na maraige, caillidh e a' chiad
ghrèim.
Am fear nach cùm, gleidhidh e caraid.
Am fear nach d' fhuair toll, tarraingeadh e.
Am fear as luaithe làmh, 's e 's luaithe.

Dùsgadh

Bidh thu dùsgadh às do shuain
Mar Bhrìghde sna boinneagan-sneachda

Aig toiseach a' Ghearrain
Air neo nad thorc-talmhainn

Agus fiamh na beatha
A' tighinn air ais rid aodann.

Tuar

Rugadh tu fo Shamhain
Agus an tuar mu d' aodann

A' freagairt air a' bhuidhe
Mu na craobhan-beithe

Mun rathad eadar an taigh-eiridinn
Is an taigh againn fhìn.

Uighean

A' chlann a' leigeil an cuid uighean
Air falbh nan clachan-turramain,
Seadh, nam bliadhnaichean fhèin
Sìos leis a' bhruthaich
A' chiad char anns a' mhadainn
Dihaoin' a' Cheusaidh.

Às ur Dèidh

Ciamar a bheirinn seachad oirbh
Nuair nach dèan mi idir
Ach a bhith siubhal nam shodar
Fad sligh' aon luirg às ur dèidh
'S gun fios agam cà bheil mi dol
No càite bheil mo thriall
Ach gu bheil mi 'n-còmhnaidh
Nam shlaodanach air ur cùlaibh?

Gocan

Thug i air falbh feasgar
Is shlaod i 'n doras às a dhèidh
Gu sèimh slaodach

Is dh'fhuirich mi fhìn air mo leabaidh
'S dh'fhairich mi gocan a' sileadh
Bhuam san ath sheòmar.

Luath

A' gluasad mun doras-bheòil
A' chiad char leam fhìn
A dh'fhalmhachadh na luaithe
Bhon tein' air cnàmhadh
Is glasadh na camhanaich ann,

A' siubhal, a' falbh làn mothachaidh
Thar nan leacan cruaidhe fuara sin
'S iad nan sìneadh,
Nan laighe ri ceann an taighe

'S ga càrnadh mu dheireadh thall na h-aon tòrr liath
Sìos anns an t-soitheach a tha 'n sin
A chleachd sinn o chionn bhliadhnaichean.

Cho beag a dhaoine
'S a bhios a' gleidheadh
Teine fosgailte san t-saoghal
Sam beò sinn!

28

crochadh

nuair a thig e gu aon
is gu dhà, tha leithid

an crochadh air soitheach geal
air na biorain air a bheul fodha

sa ghearraidh thall
taobh ris an Fhaoilinn.

Sealladh

Agus an t-eathar
A' dlùthachadh is a' dlùthachadh
Mu dheireadh thall 's a-bhos ri tìr,

Bidh 'n t-eilean ag èirigh
Gun fhiosta mu coinneimh
Dìreach a ghabhail an t-seallaidh.

Tàmh

Camhanaich anns an Ògmhios
Is na riochdan mu na fèithean sa ghàrradh

Is mu na staingean shìos am fianais an taighe
Nan gràinneagan 's nan crùbain-choille

'S iad air tighinn ris air ais
A-rithist bho thàmh a' gheamhraidh.

A' Triall air Loch nan Dubhraichean

Aig toiseach a' gheamhraidh,
Chì mi bhuam àl

Gu h-ìseal an lìon aon is aon
Air Loch nan Dubhraichean

Mar Chlann 'icAonghais a' triall
Thairis air a' Chuan Shèimh.

Terra firma

Latha sa bheinn dhomh
Còmhla ri mo mhàthair,
Lean mi orm nam aonar

A dh'ionnsaigh mullach na beinne
Mu nach robh mi bho chionn ùineachan,
Gam tharraing thuice mar chuimhne

'S mi ri strì gu h-àrd ri aodann creige
'S na freumhagan fraoich
Air an làr mu mo chasan

Gam shlaodadh a' suathadh
Is a' cur maille na mo cheum
Agus a' chailleach a' feitheamh rium

Air *terra firma* 's mi gun bheann
Air sìde nan seachd sian a dh'aindeoin
Gun iarrainn gun glanadh i air falbh

'S air a' cheann mu dheireadh, b' e ruith
A rinn mi air ais dha h-ionnsaigh
Mus tigeadh ciaradh na h-oidhche.

Làmh Bhàn

A-nis bho shiubhail sibh,
Tha sinn air ar cuid stuth,
Na buill is na badan a chaidh
A cheannach air an làimh bhàin
A ghleidheadh an tasgaidh
Gu sìorraidh suthainn, tha fios,
A-staigh ann am preas
Anns nach dùin an doras.

Samhain

A-nis agus e na Shamhain
Agus an sìol air a dhol air ais

Agus bho dh'fhalbh na feannagan
A bh' air feadh an àite

Saoil nach eil an t-àm againn am bodach-ròcais
A thoirt a-nuas far na croise?

Gàrradh-cinn, Beinn a' Bhràghad

Sin agad rèiteach –
Bodach/cailleach-oidhche air mheidh
Gu h-àrd mu ghàrradh-cinn
Am Beinn a' Bhràghad is an latha geal
A' ciaradh is an uair sin a' dol
À sealladh os cionn Loch nan Dùbhraichean.

Luinneag

A' bhliadhna-leum gar milleadh
A chomhachag bhochd na Sròine

A Dhia! 's gaolach leam an gille
Air chuspair nan Gall

A mhic an fhir ruaidh
An cuala sibhse an sgeul ud?

A-raoir bhruadair mi 'n aisling
Beannaich a Dhè mo leabhar

Cha b' e tùchan a' chnatain
Cha d' fhuair mi 'raoir cadal

Chunnaic mi eaglais Ghlaschu
Fàilt' air taigh mòr nan seachd uinneag

G' e grianach an latha
Hè mandu

Hè hò tha mulad air m' inntinn
Latha dhomh 's mi falbh an fhàsaich

MhicChoinnich bhon tràigh
Mi 'm leabaidh air m' aon taobh

Mo cheist an t-àilleagan ùr
Moch sa mhadainn Didòmhnaich

Nach fhreagair thu, Chairistìona
Mo nighean bhuidhe bhàn?

Oidhche dhomhsa 'n druim a' chlachain
Siuthadaibh, siuthadaibh, a mhnathan

'S luaineach mo chadal a-nochd
'S mi nam shuidh' air a' chnocan

Tha caolas eadar mi 's Iain
Ud ud ud ud ud udain

Alasdair Dòmhnallach

Seadh, tha 'm bodach ag ràdh
Gu bheil fear Alasdair Dòmhnallach
Air a bhith 'm falach
Fo na coilltean eadar Àrasaig is Mòrair
Thall ann an Dùthaich Chlann Raghnaill
Riamh bho mheadhan a' chogaidh.

Bidh e siubhal timcheall san oidhche
Leis fhèin 's e air a chòmhdach
Ann am bileagan daraich,
Tha e 'g ràdh, bho bhun gu bàrr
Agus a' bruidhinn ris fhèin os ìseal
Ann an cainnt nach tuig aon duine.

Na Durcain

Gun char, anns a' chathair
Aig a' ghruagaire

'S an dara sùil agam san sgàthan
'S an t-sùil eile ris an làr

Agus m' aire ga glacadh fad ùine
Leis na durcain

Sgapte fo mo chasan
Air feadh Choill' Allt na Bèiste.

Ìomhaighean

Iad a' nochdadh air ais
A-rithist nam fhianais,

Ìomhaigh 'n urra
Den dithis bhalach, crochte

Shuas air a' bhalla
Ri taobh a chèile,

1969, Palach,
Na theine,

Leanabh Prague,
An Cridhe Naomh.

Dùsgadh

Seallaibh, a chlann –
Gu h-àrd anns an speur
Aurora borealis no na solais a tuath
'S iad air an cruthachadh
Le mìrean bhon ghrèin
A' bualadh ann an àile shuas na Talmhainn,
A' dùsgadh mhoileanan de ghas
Agus a' dèanamh solas.

O seaaaaaaall, Athair,
Tha na Fir Chlis ann!

Pillean

Thug sinn às a' chiad char sa mhadainn
Air *Suzuki*, e fhèin air pillean
Is mi fhìn ga stiùireadh
A dh'fheuchainn àird a' Chuilithinn

Agus thàinig sinn air ais an dèidh sin
Cùlaibh air beulaibh (no beulaibh
Air cùlaibh) dhachaigh bho bhinnean
Mo ghaoil ud Sgurra nan Gillean.

Craobhan-brèige

Bidh mi gan ionndrainn
A-nis, na craobhan-brèige sin
Ri ceann an rathaid
Air mo shlighe dhachaigh feasgar,

Na craobhan ud a leagadh ri làr
A dh'fhàg an dùthaich lom
Bho Bhràigh 'n Ùird
Chun a' Ghasgain thall ud.

Seadh, ged nach biodh iad
Ach nan aon bhreugan a chraobhan,
'S ann a rinn iad feum
Agus fasgadh dhomh rin linn.

Agus a-nis is an t-àite na bhùrach
Agus na craobhan gu lèir air an leagail,
Cha tèid mi air ais ann air eagal
Mo thuislidh 's mo nochdaidh.

Calgaraidh

Calgaraidh an Eilein Mhuilich,
Earra-Ghàidheal:

Cailleach air a dà ghlùin san tràigh-mhaorach,
Ri strì na h-ònrachd,

A' cromadh, a' buain 's a' togail,
Gan càrnadh ann an cliabh

Air a druim, gan giùlan a-nall
Mar a bha riamh air ais don taigh

A' sìneadh thall
An cois na tràghad

Agus an uair sin gan cur suas
Mar dhuais air a' bhreus.

Na h-Èisg-òir

Iad air an glacadh anns an linn
Aca fhèin gun fhuaim san dachaigh
'S a' tighinn beò air na criomagan

Anns an dorchadas
Is gun de chuimhn' ac' ach fad prioba nan sùl
'S mi gam beathachadh, a' fosgladh am beul

Gu slaodach nan àl òg
Is gam fàgail air clab a' chraois
Is dùil aca ris a' chiad mhìr

Air neo nan clann
A' cumail a-mach gun toir iad èigheachd
Mura faigh iad mùirn is pòg

No mar gun robh iad a' sìneadh
Air port-à-beul no òran
Leithid *Balaich an Iasgaich*

Nan còisir anns a' chuairt mu dheireadh
Den a' Mhòd
O chionn dà fhichead bliadhna 's an còrr.

Ann an Tel Aviv

An dùil dè na mìrean ud
Ris a bheil an dithis chiaran thall
A' cur aig bòrd air a' ghaineamh gheal
Agus a' Mhuir Mheadhanach os an comhair,
Cho ciùin ri clàr
Mu chàil an latha –
Tàileasg? Feòirne? Damarod?

Saoilidh mi co-dhiù gu bheil mi eòlach orra.

Sin Agaibh

do Nidaa Khoury 's Ayman Agbaria

Mi fhìn ri rannan an cainnt
Nach buin dhomh,
Ag obair bhon taobh chlì 's a' bruidhinn
Rium fhìn, sibh fhèin
Ris nur cuid chleachdaidhean 's ìomhaighean

Bho bhailtean-fearainn gun aithne
Bho dhùthaich nach eil ann,
Ri canntaireachd naomh,
Ri ùrnaigh, chanadh duine,
'S ag obair bhon taobh cheart.

Canntaireachd nan Clèireach

A' dol seachad air a' mhosque tràth sa chiaradh
Air mo shocair anns an Talamh Naomh,
Abair thusa gun do dh'fhairich mi aig an taigh
'S mar gum b' eadh a' channtaireachd ud
Ga seirm is ga cur a-mach gu h-àrd
Na mhinaret aig a' mhuezzin
A' gairm a-mach air na fìreanan
Mar gum b' ann ri togail an fhuinn

Agus mo churrac agam air mo chlaigeann
Mar dhìon air solas geal an latha
'S a' nochdadh nam fhianais mo laochan
A leig èigheach às mar sin
Dìreach gun fhios nam aghaidh:
Thalla! Thalla!

Jaffa 29-04-2007

Facal-dealachaidh

Agus càch gan dalladh
Is an t-àm ann a bhith ga shlaodadh,
Theireadh am bodach mar fhacal-dealachaidh:
Taigh 'an Ghròt! Tha mi dol a dh'fhalbh!
'S nuair a thadhladh na h-eòlaich
Is a nochdadh iad air an stairsnich
Is a dh'fhaighnicheadh: *Bheil e fhèin a-staigh?*
'S e na rachadh innse dhaibh,
Chan e, mar a bhiodh dùil aig neach,
Gun deach e dhachaigh
No gun robh e aig an taigh
Mu dheireadh thall 's a-bhos, air a chaochladh,
'S e na chanadh iad dìreach
Gun tàinig air a dhol a Ghallaibh.

Bodach-sneachda

(après Jaan Kaplinski)

Tha 'n sneachd' a' leaghadh is an t-uisg' a' dòrtadh
Is a' ghaoth a' sèideadh gu sèimh.
Tha teine san Aga.
Tha na h-innealan-teasachaidh blàth.
Tha Cèiteag a' seinn air a' chlàrsaich.
Tha Calum is Dòmhnall ri bodach-sneachda.
Tha lòn ga dheasachadh aig Mòrag.
Tha mi fhèin a' sealltainn a-mach air an uinneig.
Tha 'n làir-mhaide sealltainn a-steach.
Tha mi feuchainn ri dàn a dhèanamh.
Tha mi a' sgrìobhadh gur h-e 'n-diugh Didòmhnaich,
Gu bheil an sneachd' a' leaghadh,
Gu bheil an t-uisg' a' dòrtadh,
Gu bheil a' ghaoth a' sèideadh.

Dearbhaidhean

(après Tadeusz Różewicz)

Cha cheartaich am bàs
Aon fhacal de rannghal.
Chan eil e mar Iain MacDhòmhnaill no na cailleachan aig *Acair*.
Seasaidh samhla cearbach gu sìorraidh.

'S e th' ann an daiseachan a chaochail
Daiseachan marbh (mar a tha Caimbeulaich Cac a' Choin,
Am Bàrd Bochd, Mac Iain Deòrsa
'S an seòrsa).

Bidh bodhar a' bòdhradh às dèidh a bhàis.
Leanaidh baothan air
A' gobaireachd às gu baothanach
On uaigh fhèin.

Casan Ghleann Ruaidh

(après Miroslav Holub)

Bidh Casan Ghleann Ruaidh
A' coinneachadh an-còmhnaidh
Nuair a nì sinn
An tarraing le ar làmhan fhèin.

'S e a' cheist a th' ann dìreach
A bheil iad air ar beulaibh
Air neo air ar cùlaibh,

A bheil an carbad-iarainn
A tha 'n sin fad' às a' tighinn
Air neo a' falbh.

Clàradair

(après Michael Donaghy)

An luchd-ciùil anns a' Phraban
A' cur thairis àm-lòin
O chionn aon fhichead bliadhna.

Balach à Cill Mhearnaig
A' cur seachad beagan làithean ann an Ostaig
Le clàradair is garadan spaideil na chois.

"Dé bha an fear sin?"

Bidh Dòmhnall ga chrùbadh fhèin
'S a' tomhadh meur-an-eòlais ris a' chùil dhorcha.

"Bidh fios aig a' bhodach".

Bidh fear Chill Mhearnaig a' cur sìos
'Bithidh Fios ag a Bhodach'.

Mangurstadh

(après John Glenday)

Tha mi cur thugad sàmhchair is dol-fodha
Nan sùmainnean ann am Mangurstadh

Gun fhios nach eil tuilleadh
'S a' chòir den dorchadas na do bhroinn an-dràsta

'S gum bi agad ri cumail air chuimhne
Carson a tha sinn a' toirt gaol do chàch-a-chèile.

An Lùdag

(après Kenneth White)

Dh'fhalbh an eathar bheag
Le h-inneal-crochte don iasgach.
Dh'fhalbh am bus
A thogail na cloinne don sgoil.
Tha Pàdraig air am post a sheòladh.

A-nis aig an laimrig anns an Lùdaig,
Chan eil ann ach an solas is a' ghaoth,
Gliagail na curraige 's plubadaich
An uisge ghlais
Air gainmheach geal.

Mar Chuimhneachan air
Aonghas MacLeòid
(après Norman MacCaig)

An oidhche gharbh ud,
Bhris meur àrd
Air a' chraoibh as motha san lios agam.

Tha e fhathast shuas ann an shin.
Ged a tha cuid dhuilleagan
Air seargadh gu dubh am measg a' ghuirm,
Cha leig na meuran
Maireann leis tuiteam.

Bho: Hyakunin isshu

Sarumara Taifu

A' siubhal a' bhealaich
Tron duilleach air teàrnadh
Ann am Beinn Feòir
Is an damh ri langanaich –
Cho truagh
Agus a tha 'm foghar.

Abe no Nakamaro

A' spleuchdadh suas,
Ghabh mi 'n t-iongnadh: an dùil
An e sin an aon ghealach
A bha ri deàrrsadh
Os cionn Àird Ghunail
O chionn ùine nan cian air ais?

Ono no Takamura

Eathraichean san Linne Shlèitich,
Can ri duine sam bith
A bhios a' faighneachd
Gun do sheòl mi air falbh
Seachad air eileanan gun àireamh
Dhan Chuan Mhòr thall ud.

Emperor Koko

Dhut fhèin,
Thàinig mi dhan raon
Gus a' chiad ghlasraich
Den earrach a bhuain
'S air mo mhuinchillean an-còmhnaidh
Sneachda bog a' teàrnadh.

45

Lady Ise

Ann an Camas Darach,
Tha blàthan fo bhlàth.
Tha blàthan a bha nan tàmh
Fad finn foinneach a' gheamhraidh
A-nis fo bhlàth san earrach.

Minamoto no Muneyuki

Sa bhothan agam san t-sliabh,
Nach e 'n geamhradh
As aonaranaiche buileach
Is am feur is an luchd-tathaich
Le chèile ri seacadh.

Mibu no Tadamine

Cho fuar is a tha 'n t-aodann
Air a' ghealaich anns a' mhadainn!
Bho dhealaich sinn
Chan eil càil cho truagh fhèin
Ris a' chamhanaich a' tighinn.

Kiyohara no Fukayabu

An oidhche seo 's t-samhradh
Nuair a dh'fhàsas camhanach na h-oidhche
Cho luath na camhanach na maidine,
Càite bheil a' ghealach
Aig tàmh
An lùib nan sgòth?

Taira no Kanemori
Ged a dh'fheuchas mi ri chumail am falach,
Bidh mo ghaol domhainn a' nochdadh
Anns an ruadhadh air m' aghaidh.
Bidh iad a' faighneachd dhìom an-còmhnaidh
'Cò air a bheil thu a' smaoineachadh?'

Akazome Emon
Bha còir agam a bhith air dol a laighe
Ach, an dùil gum biodh tu a' nochdadh,
Thug mi sùil air a' ghealaich
Leam fhìn rè na h-oidhche
Gus an deach i fodha
Dìreach ro bheul an latha.

Fujiwara no Kinto
Sheac an t-eas
Ùine mhòr an t-saoghail air ais
Is chan eil e ri fuaim
Ach 's ann a bhios a gheum
A' sruthadh is a' sruthadh
Na sgal-creige fhathast an-diugh.

Murasaki Shikibu
Dìreach air chleas na gealaich,
Bha thu air tighinn 's air falbh
Mus tug mi 'n aire.
An robh thu fhèin cho math
Am falach an lùib na sgòth
Mu mheadhan-oidhche?

Fujiwara no Tadamichi

Ag iomramh leam a-mach
Air a' chuan àrd,
Nuair a sheallas mi timcheall
Cha dèan mi uimhreachd
Eadar na sùmainnean geala thall
'S na neòil fad' air falbh.

Fujiwara no Akisuke

Oiteagan as t-fhoghar a' sèideadh
Sgòthan fada 's iad a' slaodadh.
Tro bheàrn,
Solas na gealaich –
Cho glan,
Cho soilleir fhèin.

Fujiwara no Shunzei

Chan eil dol às
Bhon t-saoghal seo làn dòlais.
Le cridhe trom fhèin
Bidh mi dol a-steach an doimhneachd nam beann
Ach fiù 's an seo bidh mi faireachdainn
Langan cianail an daimh.

Fujiwara no Sanesada

Thi mi a' sealltainn a-mach
Far an d' rinn a' chuthag a gaoirsinn
Agus gun sìon
Air fhàgail ri fhaicinn
Ach a' ghealach fhann
Ann an speur na camhanaich.

Minamoto no Sanetomo

Och, nach robh
A leithid a sheallaidhean tiamhaidh
Gun atharrachadh a-chaoidh –
Na h-iasgairean ag iomramh
Nan cuid eathraichean beaga bìodach,
Gan tarraing gu cladach.

Fujiwara no Masatsune

Tha gaoth fhuar far na beinne
Ri sèideadh air a' bhaile
Agus a rèir mar a thèid
An oidhche san fhoghar an doimhneachd,
Fairichidh mi slacadaich fhuairidh
A' chlò 's e ga luadhadh.

Fujiwara no Kintsune

Thug mi na bliadhnaichean seachad
Ag ionndrainn nam blàth,
A' caoineadh dealachadh na gealaich
Ach, a' spleuchdadh air an t-sneachda dhomhainn,
'S ann a tha mi tuigsinn
Gu bheil m' aois a' càrnadh suas cuideachd.

Cumha do Shir Iain Shlèite

Fhuair sinn am brath nuair a chaochail sibh
Ris an sgarthanaich Là na Nollaige 's na feadain
A' sgàineadh is a' sgoltadh air feadh an àite
'S am bodach-sneachd' a' leaghadh air chùl an taighe
'S a' mheirghe gu h-ìseal 's an dèidh sin 's na dhà dhèidh
Na seasamh dìreach mar *egret* a' faire ris an làn.

Là socair a bh' ann dheth 's fear gun deò
Mar là de na làithean geal' a dh'èirich a shiubhail sibh
Gu moch air Beinn an t-Seasgaich is Loch an Iasgaich
Leis an luchd-leanmhainn agaibh nan gillean-cas-fliuch
Nam breacan-fèilidh rìoghail 's Innse Gall 's a' Chomraich
Air an fhàire gu tuath 's an Cuilitheann thall fo cheò.

'S a' chainnt a chleachdadh sibh gu h-àrd sa chùl-chinn
'S a-muigh san linne na chùm na fleasgaichean a-riamh
Is luchd-gleidhidh na h-oighreachd is an luchd-fiadhaich
Is luchd-seòlaidh 's na saoir oir ghabh sibh mar cheann-cinnidh,
Mar chuid-na-h-oichche seach *droit du seigneur*,
Seanchas is luinneagan seach fuadach is làmhachas-làidir.

•

Ceist: dè Ghàidhlig a fhreagradh mar abairt gu dìleas
Air *noblesse oblige*, mar a bh' aig na bodaich?
Is dual dhan uaisle giùlan suairc theagamh?
Chan ionann uile neart is ceart? No facal-suaicheantais
A shealladh air mhodh àraid an càirdeas
Eadar uasal is ùmhlachd is urramach is uallach?

An dùil dè chanadh na h-ollamhan 's na bàird Ghàidhealach:
An Clàrsair Dall còir no Màiri nighean Alasdair Ruaidh
No Lachlann mac Theàrlaich Òig no Sìleas na Ceapaich, abair?

No, can, aos-dàna Mhic Chailein Mhòir?
No Clann MhicMhuirich a dh'fhuirich ann an Ostaig uair?
No Màiri Mhòr no Somhairle no Calum Ruadh fhèin?

•

Ghabh mi ceum seachad air an taigh-sheinns' aige
'S lorg den t-sneachda bhalbh na laighe
Mun fhonn far an robh Diarmaid na Fèinne 's Oisean
Is na laoich is clann-nighean-an-sgadain
Is mnathan Shlèite san àm a dh'fhalbh
Leam fhìn an là roimhe ri glasadh na maidne
'S an solas dheth 's gun ghuth air mànran
'S gun teine no toit às a' mhùchan ann
'S an doras dùinte 's na h-uinneagan air an dubhadh a-mach
Is an *lock-in* 's a' chèilidh gu là geal na bhroinn
Air a thighinn gu ceann mu dheireadh.

Ann an Canaigh

(Mar chuimhneachan air Fear is Bean Chanaigh)

A' siubhal dhomh gu h-ìseal an iomall an t-sàile
Leam fhìn an-dè, chunna mi bhuam a' dol à sealladh
Ìomhaigh de *rib* mar an aon chulaidh
Beul fodha sa mhol far an sìneadh am bàrd
Ri faclan agus fonn mar shaothair,
Mar chruaidh de chloich air a chliabh
No mar neach air a phlian ga dhalladh.

Is a' leantainn romham an dèidh sin seachad
Air tuath 'n eilein, a liuthad *admiral* bàn
Is bean-uasal bhreac is neamhnaideach mòr
Is peucag is mìol-chrìon 's na ceudan eile
De dhùilean an tasgadh anns an taigh-chuimhneachain
'S an dèidh 's nach do sheas gin ac' ach tacan,
Hò Nàile bho h-àrd, nach b' iad a bha cianail grinn.

Giùlan
(i.m. Iseabail NicAsgaill)

Thàinig i dham ionnsaigh mar aisling a-raoir:
Agus a' chist' aice ga giùlan –
Agus crois air na mnathan
Ged a b' e clann-nighean-an-sgadain
'S caileagan-an-fhuinn
'S caoineagan fhèin a bh' annta –
Gun ghuth gun ghabadh leis na fir,
A' luasgadh is a' tulgadh is a' turracail
'S a' suaineadh a-null 's a-nall
Air na clachan air ais don Rubha,
'S ann a dh'fhairich mi fuaim
'S cha b' e gàir a' chuain a bh' agam
No gaoir aig na cailleachan ann,
'S e bh' ann, air a chaochladh, òran-luaidh
Gu domhainn a-staigh na broinn
A dh'fhalbh an uair sin fon talamh.

Eadar an Soillseachadh is an Ciaradh

(Mar chuimhneachan air Ruaraidh MacThòmais)

Eadar an soillseachadh is an ciaradh
A bha e nuair a fhuair mi brath
'S mi san taigh-sheinnse san sgarthanaich

Gun do chaochail e dìreach a chianaibh
Aig an ìre mhath 'n aon aois ris a' chaillich
A th' air mhaireann fhathast a-staigh

'S air an t-slighe dhachaigh
'S na sòbhragan an toiseach
An earraich a' tighinn fo bhlàth,

'S ann a fhuair mi dalladh
Den eilean bheag bhìodach
Do nach do mhothaich mi riamh

Mar bu chòir dlùth dhan taigh
'S e falbh a-mach às an t-sealladh
Ri dol fodha na grèine mu dheireadh.

Luinneag

i.m. Archie

Dìreach mar a bha 'n latha roimhe
'S muinntir a' bhaile
Gad thoirt gu cuimhne
Mun bhòrd is an tac an teine
Le tè-mhòr de mhac-na-braiche
Mar gun robh thu mar fhear-an-taighe
San làthair fad finn finn foinneach na h-oidhche,
Seadh, is an làthair fad na tìde,
Seo sinn cruinn còmhla ri chèile
'S an uair seo mun chiste-laighe
'S luinneag a' dol mar gum b' ann a' tighinn aiste
'S tu fhèin ga gabhail – *sin thu fhèin, 'iille!* -
'S air cho binn binn 's a ghabh – *a-rithist, a dhuine!* –
Cha ghabh thu, fhir chridhe
'S chaoin a tha thu ann, mo thruaighe,
Hi ho rò 's na hug o rò èile
Gu sìorraidh chaoidh nan caoidhean tè eile.

Fàgail

i.m. Joan

Nuair a bha thu cuide rium fhìn 's ri Sìle
Ri fèath-nan-eun 's a' fàs dlùth ris an t-Sruthan
Agus a' gabhail *Bràighe Loch Iall*
An dèidh dhuinn a bhith sna faochagan 's ri caithris –
Och, nach tu fhèin a thàinig a-nall 's a dh'aithris! –
Air ar glùintean shìos anns an tràigh-mhaorach,
Dh'fhuirich sinn. Dh'fhairich sinn guthan
Fad' às a' teannadh oirnn gu math luath
Bho Eilean an Sgadain thall 's Eilean nan Caorach.

'S e bh' againn ach na geòidh nan sgaoth
'S iad a' fàgail (mar a chanas bodaich Ìle)
Seach an fheadhainn gu h-ìseal, ciùin, balbh,
Rèidh, suas gu h-àrd agus a' falbh
A-mach à sealladh mar a' ghaoth
Gun tèid mi thairis a h-aon mu seach, a' triall
Sil ò ro bha hò bho chrìochan cèin
Dhan dachaigh *ri ri* sa cheann a tuath
'S thuirt thu: *Nach eil sin àlainn fhèin!*

Eòghainn

Fhir a thàinig 's a dh'fhuirich is nach tig
Agus nach till gu sìorraidh buan
Is tu nad shìneadh anns a' Chille Bhig
A' sealltainn a-mach gu bràth ri cuan,

Och, nad shìneadh shìos anns an uaigh,
Ann an ciste chaol fon talamh chruaidh
Mar chàch ann am fianais an t-sluaigh
Gu sìorraidh bràth tuilleadh, a luaidh,

An dèidh gu bheil a' chùis cho searbh
Is na th' ann de bhristeadh-cridhe 's de chràdh,
Chan eil mi 'g ràdh, ge-tà, gu dearbh
Nach mair an gaol is an rùn is an gràdh.

•

Bidh mi moch anns a' mhadainn air mo chois
Gun chadal agus air mo shiaradh
Is a' sealltainn a-mach gun sgur gun fhois
Air an Linne Shlèitich sa chiaradh

'S a' ghrian a bh' ann feasgar air laighe
Mu Chnoc Uaine 's mu Lag a' Bholla
'S ann am Fearann Dòmhnaill air cùl an taighe
Far an robh thu nad linn, 'ic Iain Cholla.

'S an dèidh 's gu bheil a' chùis cho searbh
Is na th' ann de bhristeadh-cridhe 's de chràdh,
Chan eil mi 'g ràdh, chan eil mi gu dearbh,
Nach mair an gaol is an rùn is an gràdh.

Lachaidh

Tha *Reul a' Chuain* air baile
'S na h-eathraichean sa bhruthaich
No beul fòdhpa sa chaladh

Is tu fhèin shìos nad shìneadh
Is chan ann air bhàrr na fairge
No chan ann air a' chlàr-uachdair

Air bòrd cuide ris na gillean
Ach, mo bhròn, sa chiste fon ùir
Air thalamh-tròcair thall ud

Ann an Cladh Mhòrair a' sealltainn
A-mach ris na h-Eileanan Tarsainn
Ri briseadh-fàire sa ghlasadh.

Is ged a bhiodh a roinn fhèin
Aig a' chuan mar a chanadh na bodaich
Is a chaidh thu às an rathad
Thall bhuainn air an eathar,
Cha deach thu fon mhuir

Is fhuair thu bàs gun bhàthadh,
A bhodaich òig a tha thu ann
Gun fhiosta fàire ro hò
'S a bhios, *chall eil*, gu dìlinn
'S *illean ò rò ho ro rò.*

•

Chuireadh e air chruaidh
'S rachadh air tìr an uair sin
Is nochdadh e san doras a-steach
Mar neach de shliochd nan ròn

Is rachadh e 'n lùib dhaoine
'S ghabhadh e port is tè-bheag
Faillirinn illirinn uillirinn
'S mar gum b' eadh iorram no creagag-uisge

'S *hi rì rì* deoch Chloinn Dhonnchaidh
Aig àm-dealachaidh 's ag èirigh 's a' tarraing
Ann am priobadh na sùla *'s na hòireann,*
Seadh, air falbh dhachaigh.

Aonghas Dubh

Fhir-dhàna 's ollaimh ri filidheachd
Agus ri seanchas
Is ealain a bha thu riamh ann,

A cheist is a chuspair
A bhuain aois ud a' gheallaidh, seadh,
Is d' anam dubh dubh gun sgur

Agus do shùilean beò nan lasair
Nad shuidhe sa chnoc a' sealltainn a-mach
Air an Eilean 's na Crìochan 's Leum na Caillich,

An dèidh dhut èirigh 's falbh
Agus an t-saothair agad
Is an obair mhòr a leigeil a-nuas

Mu dheireadh thall 's a-bhos
Is na leabhraichean a chur an dara taobh
Mar a dhèanadh na linn am bodach

Na luaireagan beag bìodach air teòradh,
A chiall, ris a' bhlàths a-staigh,
Cha chreid mi nach fhàg sinn

Mar chuimhneachan 's mar chomharradh
A' chathair agad thall ud
Bàn is falamh gu Là Luain.

ann an Cille Mhoire

a' siubhal an lùib nam bàrd-baile,
cuid nan sìneadh ann an Cille Mhoire,
cuid air falbh thar an t-sàile

    ann an Cille Mhoire
    na bàird nan laighe
    's Hiort bhuainn air an fhàire

ann am Baile Raghnaill, a' bruidhinn
rium fhìn tacan
ann an tèarmann-nan-eun

    air chuairt, na geòidh
    's na gillean-Brìghde mun chladh
    far a bheil MacCodrum 's Dòmhnall Ruadh

ann an Cille Mhoire
's Hiort air an fhàire,
deòir-uisge

    na h-eòin a' gairm,
    cuid dhiubh *diod id aoidharum*
    is cuid eile *MacCodrum*

na faoileagan air Àird an Rùnair
a' gliagail gun sgur
Iain 'ic Fhearchair! Iain 'ic Fhearchair!

    ann an Cille Mhoire, siùsan
    sna sreangan taobh ris na h-uaighean -
    An Eala Bhàn

Aonghas Lachlainn aig tàmh
is a' ghealach a' deàrrsadh
air Loch Hòstadh

fairichidh mi fonn ga ghabhail
ann an Cille Mhoire thall –
Ortha nan Gàidheal

guilbneach a' glaodh a-mach
mar gum biodh *fuirich, fuirich,*
a Chlann 'icMhuirich!

air ais ann an Taigh Thormoid
far an tathaicheadh na bàird,
èibhleagan teine-fòid

Bashō air an Rathad Chumhang go Leth
A-staigh na Dùthcha

fiù 's na snagain-daraich,
ga fhàgail – dìthreabh
ann an doire san t-samhradh

    an t-each a' tionndadh a chinn -
    à taobh thall an raoin,
    cuthag a' goirsinn

a' churachd air a dèanamh,
iad a' falbh mus bi mi a' nochdadh
bho sgàil na seilich

    's gann gum faic neach
    a' chnò-gheanmaidh fo bhlàth
    fon tughadh air a' mhullach

seileastair-ghorm a' cinntinn
's a' fàs air mo chasan –
strapaichean chuaran

    agus toirmeasg orm bruidhinn
    leam fhìn ann am Blàbheinn,
    na deòir a' drùdhadh air mo
    mhuinchillean

bearradh Sgùrr a' Ghreadaidh
's air fheadh buinn eilithreach:
tha deòir an seo cho math

    bho Chamas Fhionnairidh
    deas gu ruige 'n Linne Sgitheanach,
    an fhionnairidh a' fionnarachadh

grian loisgeach an t-samhraidh
a' dol sìos gu mall 's a' bàthadh –
Allt na Pàirce Fraoich

    fon aon mhullach,
    siùrsaichean 's manaich nan tàmh –
    an t-seamrag is a' ghealach

nach truagh –
fo chlogad falamh laoich,
cuileag-theallaich a' ceileireadh

    air feadh a' bhealaich,
    dìtheanan fo bhlàth
    ann am beul m' eich

a' bhliadhn' a' tighinn gu ceann,
currac falbhanaich air mo chlaigeann,
cuarain air mo chasan

    tha fios gu bheil truaghan air choreigin
    a' dol seachad air bearradh a' Chuilithinn
    san t-sneachda sa mhadainn

bodach na shuidhe ri *zazen*
san teampall san oisinn
an oidhche seo sa Chèitean

    shreap mi ris an àile
    gu h-àrd os cionn nam fosgagan-Moire –
    a' dìreadh beinne

chaidh uisg' ùr as t-earrach,
tha fios, tron duilleach
gus am fuaran seo bheathachadh

cuthag a' goirsinn –
a' dol às an t-sealladh mar sin
a dh'ionnsaigh 'n Eilein

mo chluasan air an dèanamh glan
le tùis, a-nis tha mi cluinntinn
na cuthaig' a' goirsinn

gun clag a' seirm a-mach,
ciamar a nì 'm baile 'n gnothach
feasgar as t-earrach?

a' siubhal a' bhealaich,
dìreach air mo dhòigh
leis an t-sail-chuaich

air a tòrradh fon eidheann
's fon chòinnich ach à broinn
na h-uaghach, ùrnaigh fhann

a' seilg nam balgan-buachair,
air mo ghlacadh cha mhòr
le frasan deireannach an fhoghair

dhan fheadhainn a bhios a' seinn
gu bheil iad searbh de chloinn,
chan eil dìtheanan ann

a' ghealach a' dol às an t-sealladh
am bàrr nan craobh sa chiaradh
a' cruinneachadh an t-silidh

ged a tha mi air mo shiaradh
a' tighinn air ais bhon Mhonadh Mheadhanach,
a' sealltainn air a' ghealaich gu deireannach

tha na clachan marbh,
na h-uisgeachan air seacadh is air falbh –
an geamhradh agus gun sgath

    làn reothaidh 's a' seargadh,
    bòrcadh muladach –
    na dìtheanan deireannach

ach an snagan-daraich
a' snagadaidh air post, gun ghuth
sam bith san fhàrdaich

    air an Druim Bhàn,
    mi a' gabhail fadachd ris an Druim Bhàn fhèin
    agus a' chuthag a' goirsinn

Eòin sa Chuan

Boitsu
an lùib nam blàth!
cluinnidh mi daoine ri lachanaich
ann am beanntan an earraich

    Boncho
    thill manach àraidh
    ris an taigh
    gun feitheamh ris a' ghealaich

Buson
ceò mun fheur,
uisge fo shàmhchair,
fionnairidh socair

    dìtheanan aig meadhan-latha;
    fad tiota
    gàir na mara

a' bualadh leis an tuagh,
chaidh clisgeadh a chur orm leis an fhàileadh
sa gharran sa gheamhradh!

    aig dol fodha na grèine,
    ri losgadh air a' choileach-choille
    faisg air fuaran an t-slèibhe

feur a' seargadh,
teachdaire-sionnaich
a' gabhail seachad gu luath

a' ceannach creamh-gàrraidh
's a' tilleadh
tro na craobhan air an seargadh

mìltean de reothadh –
air an loch,
's ann leam fhìn a tha ghealach

abair gealach –
siud a'm meirleach
a' stad gus òran a ràdh

thar nan soithichean
fuaim ceum nan rodan –
am fuachd a th' ann!

norrag bheag 's an uair sin a' dùsgadh –
an là san earrach
air ciarachadh

an t-aodach cùbhraidh
fhathast gun a bhith air a chur air falbh –
beul na h-oidhche san earrach

an-dè air tighinn gu crìch,
an-diugh a-rithist bidh crìochnachadh –
an t-earrach a' falbh

dath 's fàileadh
cruth a chunnacas a' falbh –
imeachd an earraich

uisge san earrach!
sligeanan air cladach beag bìodach,
gu leòr gus an taiseachadh

uisge san earrach
is gun chomas agam air sgrìobhadh –
cho dòrainneach!

    thàinig an lòn 's an abhainn
    còmhla mar-aon
    ann an uisg' a' chèitein

feur ann an ceathach
is uisg' a' siubhal gu sàmhach,
an là ri fannachadh

    a' mhuir as t-earrach
    fad an là ri luasgadh
    is ri tulgadh!

a' treabhadh an achaidh!
ged nach d' rinn na neòil carachadh,
tha iad air falbh

    far an coinnich na h-aibhnichean,
    chanadh tu gun robh sàmhchair ann –
    an t-uisge glan

dha mo shùilean tha e aoibhinn –
gaoithrean mo leannain,
geal fhèin

    tha e na chamhanaich:
    èisg a theich bho na sgairbh
    a' snàmh san tanalach

sàmhach
an achadh le craobhan-daraich
gealach a' gheamhraidh

na th' air mo bheulaibh
a' mùthadh na shealladh bhon àm a dh'fhalbh –
fras anns a' gheamhradh!

an gaoith a' seacadh nan craobh
bidh e a' tuisleadh a chlisgeadh –
an t-each a' dol dhachaigh

feòrag ag itealaich
a' sluigeadh eun beag bìodach –
an t-achadh air seacadh

gun a bhith dorcha buileach
ach tha na rionnagan a' deàrrsadh –
an t-achadh air seacadh!

nuair a nì 'n tuagh gearradh,
clisgeadh mun fhàileadh chùbhraidh –
coilltean sa gheamhradh

Chigo

mura b' e 'n guthan
dh'fhalbhadh na corran-gritheach à lèirsinn –
an sneachda sa mhadainn

Chiyo

air ghurraban,
bidh 'n gille-cràigein
a' coimhead air na sgòthan

bidh mi nam chadal 's nam dhùsgadh –
cho farsaing 's a tha 'n leabaidh
gun duine ri do thaobh

Dakotsu
am bàs mu dheireadh thall 's a-bhos –
boladh nan cungaidh-leigheis
beag air bheag a' fannadh às

Etjuson
a' bhliadhn' a' falbh,
chùm mi m' fhalt glas am falach
air a' bhodach is air a' chaillich

Gekkyo
bidh 'n ceileiriche
ri seinn san oidhche
le guth na maidn' aige

Hakayo
duilleagan a thuit chun na talmhainn –
làmhan bàna nan eiridinn
air beulaibh tein'-èiginn

Hosai
a' sealltainn air ais air an tràigh,
fiù 's làrach
mo chas air falbh

a h-uile là, bidh feòil
a' fàs caol
's na cnàmhan a' fàs dòmhail

Hosha
nathair a' bàsachadh,
faisg air làimh
clann a' meabadaich

ròcas air an spiris
anns a' gheamhradh am preas –
cho fada 's a thàinig mi air mo thuras!

Tatsuko Hoshino
adhar àlainn
nan gèadh a' teireachdainn
dìreach tiotan

Issa
a phìobaire-'n-teallaich!
bi nad fhear-gleidhidh
air m' uaigh 's mi air falbh

dh'fhaodadh iad a bhith
a' meabadaich mu làithean ceathaich –
eich anns an achadh

uiseag an fhionnairidh!
tha mo chridh' a' dòrtadh
le cùram an là a-màireach

oran uiseag-na-oidhche –
sa mhadainn, drùidhte
leis an uisge

mun achadh,
feannag a' carachadh
mar gun robh i ris an àrach

achadh as t-samhradh –
tàirneanach
no mo bhrù fhalamh?

    èisg-airgid a' tàrrsainn –
    màthraichean,
    athraichean, clann

glag an teampaill air a reothadh –
air an taobh seo den t-sliabh
mi gam lathachadh anns an leabaidh

    mo rogha sgarbh –
    am fear a bhios a' tilleadh
    is a ghob falamh

a dhol air ais nam phàiste
Là na Bliadhn' Ùire –
nach b' aoibhinn e!

    bidh 'n seileach
    ag umhlachadh ron a' chaillich
    a' cur ris an obair-nighidh

an saoghal seo làn den dealt –
saoghal làn dealta, gu deimhinne dhut
ach fhathast, fhathast

    a' chraobh-phlumais fo bhlàth
    's gun bhoinne *saké* san taigh –
    mo chreach!

stad ort, fhir a' bhàta, na mùin
air an Fhaoilinn
am measg nan tonn

moch anns a' mhadainn
anns a' gheamhradh uaignidh fhèin –
dè 'n deatach caol a tha 'n sin?

bidh iad a' crathadh
is gun bheann ac' air duine sam bith –
na caileagan-achaidh

bidh 'n creabhar a' glaodhaich:
an rathad seo gu cinnteach
a tha na caileagan-achaidh

na feannagan a' cruinneachadh
anns an aon làraich –
sneachd' a' leaghadh

am pàiste sin, uair is uair
a' feuchainn ri breith air
gealach an fhoghair

am feur a' luasgadh –
a' fàgail soraidh
slàn leis an earrach

cìrean a' choilich
a' sileadh a-nuas gu sèimh –
uisge 'n earraich

ris a' chamhanaich
bidh e a' mealladh nan siùrsach –
an seileach sileach

Ishu
dìreach bachall nan eilthireach
a' dol seachad air a' mhonadh
anns an t-samhradh

Kamakura
air an dìon leis an adhar liath
's leis a' bhodach –
gealbhain an t-samhraidh

am bodach marbh,
clach ga caitheamh
thairis air abhainn as t-earrach

Kigin
dh'amhairc mi air
a' ghealaich gun sgur,
chan e uair, chan e dà uair

Kijo
uisge 'n earraich –
an e th' ann dheth
taibhse nan clach?

Koyo
toiseach a' gheamhraidh;
m' fheusag dìreach air lomadh;
abair coltas fireannaich!

an sliabh air seargadh;
a' ghrian a' deàrrsadh
air na beanntan fad' air falbh

Kyorai
balaich an iasgaich air falbh
is an cladach air fad falamh –
tonn a' chladaich

Kyoruku
na raointean air fad air an seargadh;
chan eil dad a' gobadh a-mach
ach sgrugaill nan corra-ghritheach

Kyoshi
air a chur fo thàire
le sùil na h-iolaire –
fear anns a' bhuaile

a' falbh a-mach air an doras
an dèidh feasgar anns an eaglais –
dìthean a' fàs

Michihiko
nuair a laigheas a' ghaoth,
bidh na lòineagan nan crochadh
os cionn nan cuilcean air an seacadh

Minghua
an dèidh a' chathaidh
rionnagan air an reothadh
air an loch

Onitsura
abair soirbheas;
lìonar flathanas
le guth nan giuthas

Saimaro
feasgar as t-earrach,
na sgòthan tùrsach,
bratach a' snàmh

Seibi
na mo laigh' air mo dhruim-dìreach,
mo bheul ga lìonadh
le grian an earraich

Seisei
uisge fuar sa gheamhradh,
chan eil duine 'g ràdh guth
san eathar air chruaidh

Sekitei
tàirneanach as t-earrach;
am badeigin fad' air falbh,
uiseag a' ceileireadh

Shiho
ann an uisg' an t-samhraidh,
chan eil air ach a bhith a' dèanamh
na chanas bodach an eich

Shiki
là san earrach,
làrach air làraich
de chasan sa ghainmhich

    bruthainn eagallach –
    tha m' inntinn 's i na tuainealaich
    ag èisteachd ris an tàirneanaich

feasgar foghair, a' sèideadh –
chan urrainn dhomh m' inntinn a ghleidheadh
air an leabhar a tha mi leughadh

    Shintoku
    gèadh-fiadhaich
    a' tuiteam sìos m' amhach –
    oidhche làn reothaidh

Shirao
a' cur sìos teine
fo nead nan gòbhlan-gaoithe
feasgar làn uisge

    Shuson
    craobhan air an call sa cheathach –
    boillsgeadh fad' air falbh
    a' dol na chorra-ghritheach

Soda

dealan-dè a' fàgail 's a' tilleadh –
anns an ùine sin dh'fhaodadh
a' chreag falbh à bith

Sodo

a' coiseachd – mo sgàth
ri mo thaobh
a' toirt sùil air a' ghealaich

Sogetsu-ni

na speuran a' glanadh,
an sneachda 's a' ghealach
air an aon dath

Sogi

sneachda gun a bhith air falbh,
leòid na beinne ceathach
feasgar as t-earrach

Sokan

a' cur nan làmhan
còmhla – gille-cràigein
ag aithris a dhàin

Soseki

bho thug thu air falbh,
chan eil blàth
air fhàgail air thalamh

Suju
eòin sa chuan
a' tarraing nan lìon
gu dripeil eatorra fhèin

dealan-dè ri teàrnadh,
na sgiathan aige gan sgaradh
nan dà leth

Tagaki
air uisgeachan an earraich,
dh'fhalbh smuain air leth
mar sin leis an t-sruth

Taguchi
gille-cràigein
a' leum a-steach dhan lòn,
cù a' tabhannaich ris a' chaitean

Tayo-jo
daoine tighinn, daoine falbh,
gaoth an earraich
air a' bhruach

Teijo
duilleagan air an seargadh,
cuid briste, cuid gun a bhith,
air bhog ann an uisg' an earraich

Oir a' Chuain

Bha mi 'n-dè leam fhìn sa mhonadh
Fo cheò 's fo mhulad, mo ghonadh
Hì-illean beag hò il ò ro
Hill ir inn ì hò a ò ro

Shiubhail mi leam gu bonn an rubha
Far an robh na taighean-dubha
Hì-illean beag hò il ò ro
Hill ir inn ì hò a ò ro

Fo chleith mar an sgarta-falaich
Mun deach na gaisgich nam balaich
Hì-illean beag hò il ò ro
Hill ir inn ì hò a ò ro

'S gun agam ann ach an làrach
Anns an deach an togail 's àrach
Hì-illean beag hò il ò ro
Hill ir inn ì hò a ò ro

Nam aonar an oir a' chuain
Gun soitheach nam ghaoith, fo smuain
Hì-illean beag hò il ò ro
Hill ir inn ì hò a ò ro

Chunnaic mi lorg nan caorach
Is na gillean san tràigh-mhaorach
Hì-illean beag hò il ò ro
Hill ir inn ì hò a ò ro

Chunnaic mi de bhàrr na creige
Eilean Chanaigh 's Eilean Eige
Hì-illean beag hò il ò ro
Hill ir inn ì hò a ò ro

'S nas fhaide deas bhuam buileach
Thall air fàire 'n t-Eilean Muileach
Hì-illean beag hò il ò ro
Hill ir inn ì hò a ò ro

Dh'fhairich mi bhuam thar fàire
Gàir a' chuain mar cheòl-gàire
Hì-illean beag hò il ò ro
Hill ir inn ì hò a ò ro

Leig mi m' anail mu pholl-mònach,
A' stealladh, a' sgur, dubh, brònach
Hì-illean beag hò il ò ro
Hill ir inn ì hò a ò ro

Chrom mi 's bhean mi ris an talamh,
Am bàrr fuar agus falamh
Hì-illean beag hò il ò ro
Hill ir inn ì hò a ò ro

Mar uair ann às mo lèine
Taobh riut fhèin a' gabhail na grèine
Hì-illean beag hò il ò ro
Hill ir inn ì hò a ò ro

Nach bu bhòidheach, nach bu bhuidhe,
Smaoinich mi rium fhìn am shuidhe
Hì-illean beag hò il ò ro
Hill ir inn ì hò a ò ro

'S dh'èirich osna chiùin air sèideadh
Bhon an deas, m' anam is m' èideadh
Hì-illean beag hò il ò ro
Hill ir inn ì hò a ò ro

'S bhuam thall air snàmh, dà eala -
Nach b' iad na làithean geala!
Hì-illean beag hò il ò ro
Hill ir inn ì hò a ò ro

Nach e 'n tìr a chaidh cho balbh
Is na h-eòin 's na ròin air falbh
Hì-illean beag hò il ò ro
Hill ir inn ì hò a ò ro

Tè à Dùthaich MhicAoidh

Soraidh bhuam gu Dùthaich MhicAoidh
'S an t-uisg' a' tuiteam gu dubh na thaom,
San tàmh an tè nach till rium a-chaoidh.
B' i mo ghràdh anns na làithean a dh'aom.

Thoir do dhà shùil air cùl bàn a cinn
Ri sìneadh sìos mun an dà chìch
Is aom do chluas ris a' ghuth bhinn
'S nach truagh e bhith tighinn gu crìch.

Ma dh'fhalbhas tu 's an cathadh air lom
'S an sruth fo dheigh 's gun lì san fheur,
Feuch a bheil i an èideadh blàth trom
A ghleidheas i fhèin bhon t-sèideadh gheur.

An cuimhne leatha mi fhìn ann, saoil?
Nach minig a rinn mi guidhe, ge-tà,
Ri dubh na h-oidhche leam fhìn, a ghaoil
Is ris an t-solas bhuidhe san là.

Soraidh bhuam gu Dùthaich MhicAoidh
'S an t-uisg' a' tuiteam gu dubh na thaom,
San tàmh an tè nach till rium a-chaoidh.
B' i mo ghràdh anns na làithean a dh'aom.

Ma Thachras tu Oirre Fhèin

Ma thachras tu oirre fhèin, thoir mo bheannachd dhi.
Tha i an Inbhir Nis a-nis fhad 's as fhiosrach mi.
Can gu bheil mi dòigheil ach air uairean rud beag mall.
Na can nach d'rinn mi dearmad oirre fhèin mu dheireadh thall.

Thug sinn an gnothach gu crìch mar a bheir luchd-gaoil sam bith
'S nuair a ghabhas mi beachd air an oidhche sin, bidh mi dol air chrith
'S ged a tholl an sgaradh mi a-steach gu smior nan cnàimh,
'S ann a tha i fhathast nam bhroinn, tha sinn fhathast an dàimh.

Ma bhios tu riamh na car no faisg, thoir dhi bhuam pòg.
Thug mi urram dhi a riamh o thug i dhomh a' bhròg.
Cha chuir mi riamh na h-aghaidh no càil fhad 's a tha i glan,
Ach nach searbh nuair a dh'èigh mi mach na clàr: *Na falbh! Fan!*

Chì mi mòran dhaoine 's mi gabhail cuairt is a' cur ris
Is dh'fhairich mi a h-ainm an Dùn Dè 's an Inbhir Nis
'S cha bhi mi, ged a dh'fheuchainn, cleachdte ris gu bràth –
Tha fios gu bheil mi 'n dàrna cuid tiamhaidh no tlàth.

Grian shìos, gealach ùr, nam chuimhne fhathast air fad
Is ged a chaidh, cha chuir mi iad a chaoidh fo dhearmad.
Nach can thu rithe, ma bhios i riamh sa cheàrnaidh seo, a Thì,
Gum faod i tighinn gam fhaicinn uair sam bith gun strì.

Lorg a' Cheò mun a' Bheinn

A' coiseachd anns a' chladach leatha fhèin, abair gun d' fhuair mi samh
A' coiseachd anns a' chladach leatha fhèin, abair gun d' fhuair mi samh
Bragaire, builgeach, cireanach, driamlach, glasag, gleadhrach, gropach, gruaigean, langadal, liathag, lìonanach, slabhagan, stamh

Gun do dh'fhalbh an tè a bh' ann a-bhon-dè bhon taigh ga deòin
Gun do dh'fhalbh an tè a bh' ann a-bhon-dè bhon taigh ga deòin
'S ann a tha mi fàs, a Dhè, cho gòrach ris na h-eòin

Muladach a tha mi, a dìreadh is a' teàrnadh leam fhìn agus a' seinn
Muladach a tha mi, a dìreadh is a' teàrnadh leam fhìn agus a' seinn
Ò ho rò leannain gun ach lorg na h-eala 's lorg a' cheò mun a' bheinn

Fhuair mi lorg an dòbhrain duinn is lorg na lach' air an lòn
Fhuair mi lorg an dòbhrain duinn is lorg na lach' air an lòn
Cha d'fhuair mi lorg na tè a bh' ann 's a thug do na buinn, mo bhròn

Ghabh mi air m' aghaidh 's rinn mi stad, rinn mi suidhe 's gun tug mi sùil
Ghabh mi air m' aghaidh 's rinn mi stad, rinn mi suidhe 's gun tug mi sùil
Chunnaic mi bhuam Blàbheinn is a' bhrèideag thall agus a' ghaoth sna siùil

Dh'èirich a' ghaoth 's gun do dh'èirich an cuan 's gun do sgaoil na neòil
Dh'èirich a' ghaoth 's gun do dh'èirich an cuan 's gun do sgaoil na neòil
Fhuair mi grìs agam nam fhuil agus greann agam nam fheòil

Chan eil mi ach air bheagan èislein agus air bheagan tùir
Chan eil mi ach air bheagan èislein agus air bheagan tùir
B' fheàrr leam gun robh mi shìos air mo chàradh an cois na tuinne
fon ùir

Na Madaidhean-allaidh

Nam bhalbhan air mo leabaidh fo chuim na h-oidhche 's an t-àite
cianail ciùin
Nam bhalbhan air mo leabaidh fo chuim na h-oidhche 's an t-àite
cianail ciùin
Chaith mi na h-ùineachan fhèin gun a dhol a-mach a leigeil mo
mhùin

Rinn mi bogadh mu dheireadh thall aig leth an dèidh ochd
Rinn mi bogadh mu dheireadh thall aig leth an dèidh ochd
Is na madaidhean-allaidh nan suidhe ri sgal timcheall air mo bhothan
beag bochd

Sin agad mi nam shìneadh a-staigh liom fhìn gun chadal is gun dìon
Sin agad mi nam shìneadh a-staigh liom fhìn gun chadal is gun dìon
'S ann a ghearras iad an sgòrnan agad is gabhaidh iad an fhuil agad
mar am fìon

Thàinig mi thugam fhèin gu mall is thug mi sùil a-mach uam air a'
ghrèin
Thàinig mi thugam fhèin gu mall is thug mi sùil a-mach uam air a'
ghrèin
'S mo làmh fhathast air a' chluasaig agam far an laigheadh i uair i
fhèin

'S fhada nach do dh'ith mi, m' ochan, brochan lom no càil sam bith
'S fhada nach do dh'ith mi, m' ochan, brochan lom no càil sam bith
Seall orm 's an fheòil air na cnàmhan agam dìreach air chrith

Cumaidh mi orm a' gluasad fon choille-chùil mar a bhios agus na
fèidh
Cumaidh mi orm a' gluasad fon choille-chùil mar a bhios agus na
fèidh
'S na coin is na madaidhean-allaidh sin air an lorg na mo dhèidh

Tha guth duine ga thogail agam, 's e na tha e 'g ràdh rium ach: *Teich!*
Tha guth duine ga thogail agam, 's e na tha e 'g ràdh rium ach: *Teich!*
Thar a' mhàim air bealach àrd sin Trì Fichead is a Deich

Cùl na Fiacais

Thug mi sùil anns an dol-seachad anns an sgàthan anns a'
mhadainn an-diugh
Thug mi sùil anns an dol-seachad anns an sgàthan anns a'
mhadainn an-diugh
A Mhoire Mhàthair, nach mi fhìn a th' air fàs cho tiugh tiugh!

An ann ann an Cùl na Fiacais a bha thu? Seall air d' fhalt
An ann ann an Cùl na Fiacais a bha thu? Seall air d' fhalt
Is do bhrògan gun cheangal 's d' èideadh glan a-mach às alt

Thuirt i *Cha chreid mi nach gabh mi dìreach fras*
Thuirt i *Cha chreid mi nach gabh mi dìreach fras*
Is thug i dhìth 's ghabh 's thog i oirre mar sin gu bras

Tha a' ghrian a' dol sìos is na beanntan ag èirigh eadar mi 's tu
Tha a' ghrian a' dol sìos is na beanntan ag èirigh eadar mi 's tu
'S mi air an starsnaich ri Linne Shlèite 's ri sealltainn le crogan
IRN-BRU

Cha d' fhuair mi fhèin càil, cha d' fhuair mi na fiù 's bròg
Cha d' fhuair mi fhèin càil, cha d' fhuair mi na fiù 's bròg
Cha d' fhuair mi càil mìos fhèin an dèidh mìos nam pòg

Tha mi feumach air do ghaol, nach cuir thu an lòchran agad sìos, a
chiall
Tha mi feumach air do ghaol, nach cuir thu an lòchran agad sìos, a
chiall
Tha mi feumach air an àite sam bith sam bi mi fhìn a' triall

Seo mi leam fhìn 's mo chùl ri craoibh a' bhròin a' coimhead air ais
Seo mi leam fhìn 's mo chùl ri craoibh a' bhròin a' coimhead air ais
Air an t-saoghal a bh' ann mar gum b' ann air na bh' agam a-staigh
sa phrais

An Lìon

A' seòladh fodham thar an t-sàile
'S mi nam shoitheach fhèin os a chionn
'S mi siubhal gu h-àrd anns an àile,
Chì mi soitheach eadar-dhà-lionn.

Chì mi bhuam ri briseadh-fàire
Bhon sgàilean a' deàrrsadh rim thaobh
M' Ailean Donn is mo Chalum Sgàire
Nan dùthaich fhèin ud thall gun chraobh.

'S na daoine bho chèile 's le chèile
'S iad a' cur a-mach an fhuinn
Bhon dàrna dùthaich gus an tèile
Mar ghairm 's freagairt tro na tuinn.

Na fuinn ud a' falbh gu buan
'S daoine gan gabhail a lìon aon
Is aon mar na tuinn air a' chuan
Gu h-ìseal fodham rèidh mar raon.

'S nam sheasamh leam an gob na tuinne,
Cluinnidh mi 's mi tarraing mo lìn
Sgal-creig' a' dol taobh thall na cruinne
'S a' tilleadh far a bheil sinn fhìn.

Hávamal
(bho Innis Tìle)

Comhairle do Neach-tadhail
Nuair a bhios tu a' dol seachad air còmhla,
Thoir an aire mar a shiùbhlas tu air adhart
Is mar a shiùbhlas a-steach.
Chan eil cinnt
Càite 'm bi nàimhdean a' fuireach
No nan gurraban ann an cùil dhorcha.

Mar a Shuidheas tu Aoigh
A fhir an taighe!
Tha d' aoigh air nochdadh.
Càite 'n suidh e?
Bithear a' fàs
Frionasach ann an suidheachadh fad' às.
Na bi 'g obair air mus fhàs e frionasach.

Aoigheachd
Tha feum aig an fhear
A nochd an làthair air teine.
Tha a dhà ghlùin air an lathachadh,
Fear a rinn a shlighe
Thar nam bealach,
Tha e feumach air biadh is anart ùr.

Modhalachd

'S ann a tha feum
Aig aoigh air uisge
'S air càirdeas is air searbhadairean,
Briathran a thogas a chridhe,
Cead a bhith a' bruidhinn,
Ceanaltas is cùram.

Briathrachas

Feumaidh am fear-siubhail
A bhith làn den ghliocas.
Tha gach rud soirbh aig an taigh.
Am fear aig nach eil ach beagan eòlais,
Bidh e fàs na chulaidh-mhagaidh
Am measg fireannaich an t-saoghail.

A' Sireadh Eòlas

Cha bhi an t-aoigh faiceallach
A bhios a' tighinn gu biadh
Ach a' labhairt beagan.
Bidh e 'g èisteachd ri dhà chluais.
Bidh e faicinn leis na sùilean.
'S ann mar sin a tha sireadair an eòlais.

Neo-ar-thaingealachd

Nach buidhe fhèin
A bhith a' faighinn
Cliù am measg nan daoine
'S nach diabhalta
Bhith an urra
Ri faireachdainnean feareigin eile.

Gliocas

Chan urrainn do neach-siubhail
Uallach nas fheàrr anns an t-saoghal
Na 'n gliocas a ghiùlan.
'S e th' ann dheth neart a' bhochdain
Ann an àite fad' às
Air a bheil luach mòr seach air beairteas.

Airdeall

Chan urrainn do neach-siubhail
Uallach nas fheàrr
Na 'n gliocas iomchar.
'S math an companach
Claigeann tùrail.
Seachain an deoch!

Ag Òl

Thug na bàird a bh' ann
Cus molaidh buileach
Don deoch.
Mar as fhaide bhios tu ag òl,
'S ann as lugha ciall
A nì d' inntinn de rudan.

Uallach

Bu chòir gum biodh mac rìgh
Beachdail, sàmhach
Is calma sa chath.
Bu chòir gum biodh duine
Gu math toilichte
'S ann am fonn math gus an eug e.

Mealladh

Cha bhi ach amadan
An dùil gum bi e ann gu sìorraidh
Le bhith teicheadh bho nàimhdean.
Cha toir an aois
Faothachadh no fois
Ged a bhios an sleagh ga chaomhnadh.

Fiosrachadh

Tha 'n duine glic fhèin
A shiubhail na crìochan
'S a tha eòlach air gnothaichean.
Aithnichidh neach air an dòigh sin
Gu dè an aigne
A bhios a' riaghladh nan daoine ris an tachair e.

Modhalachd

Bu chòir nach gabhadh duine
Ach beagan dibhe
'S a bhith ciallach sàmhach.
Cha bhi duine sam bith
Gad chàineadh
Ged a rachadh tu innte tràth.

Smachd Ort Fhèin

Cha bhi an craosair
A' toirt aire dha fhèin ach ag ithe
Gus a bheil e làn.
Bidh duine nas glice
Ri magadh air
Brù thiugh 'n amadain.

Stuamachd

Tha fios aig a' chrodh
Cuine bu chòir tighinn dhachaigh
Bhon ionaltradh.
Chan ionnsaich duine aig nach eil
Ach beagan gliocais gu bràch
Nas urrainn dha bhrù a chumail.

Toileachas

Tha 'm fear gun a bhith toilichte
A bhios a' magadh air a h-uile duine.
'S e 'n rud nach eil fios aige
'S a bu chòir fios a bhith aige
Na lochdan
A th' aige fhèin.

Iomagain

Bidh 'n duine gòrach
Na dhùsgadh fad na h-oidhche
Fo iomagain
'S nuair a thig a' mhadainn,
Tha e fhathast riaslach
Is an t-uallach mar a bha roimhe.

Air an Uachdar

Bidh an truaghan
A' smaoineachadh nach eil na càirdean
Ach a' gàireachdainn ri bhus.
Aig a' bhòrd le luchd-gliocais,
Chan eil e mothachail
Air na bhios iad ag ràdh ri chùl.

Cunnart *Naiveté*

Bidh an glaoic
A' gabhail beachd
Air aodann a' gàireachdainn, air caraid
Is an uair sin bidh e air annasachadh
Leis cho beag a thaic
Is a bhios e faighinn aig coinneimh.

Tèarainteachd-bhrèige

Bidh amadan am beachd
Gu bheil e glic fhèin
Fhad 's a tha e slàn
'S fhad 's a tha e leis fhèin,
Tha e air seachran
Airson misneachd is airson seòltachd.

Nuair a tha còir Cumail Tostach

Aig amannan 's fheàrr do dhuine
Gun chiall suidhe 's a bheul dùinte.
Cha bhi duine mothachail air a chion eòlais
Mus can e cus.
Nach truagh nach urrainn do dh'fhireannaich
A tha gun chiall cumail tostach.

A' Bruidhinn Cus

A leithid a sgudal
'S a bhios duine 'g ràdh
'S e a' bruidhinn gun euradh.
Nach e duais gu math suarach
A gheibh beul
A bhios a' labhairt gun lasachadh.

Mar a Ghabhas tu Gnothach ri Duine

Na dèan magadh
Air duine sam bith eile
Aig coinneimh.
Chan eil cho glic ris an fheadhainn
Dha nach bithear a' toirt an aire
'S bidh iad a' fuireach tioram san doineann.

Mar a Sheachnas tu Nàimhdeas

Chan eil e ach ciallach
A bhith a' dèanamh air an taigh
Nuair a thòisicheas na h-aoighean a' càineadh a chèile.
Cò 's urrainn innse
Aig a' bhòrd ma tha e
A' gàireachdainn le daoine làn feirge?

An Taigh mar Chaisteal

'S fheàrr fàrdach
No a bhith gun taigh idir.
Tha an duine na uachdaran aig an taigh.
'S ann a tha dà ghobhar
Is ablach de mhullach-taighe
Nas fheàrr na bhith ri faoighe.

Rabhadh

Na coisich a riamh
Air falbh on taigh
Air thoiseach air do thuagh is do chlaidheamh.
Chan urrainn dhut cath fhaireachdainn
A-staigh nad chnàmhan
Air neo blàr fhaicinn.

Toinisg a thaobh Airgid
Na fàs nad thràill
Don airgead a bhios tu cosnadh.
Math dh'fhaodte gun goideadh nàmhaid
Na chaomhain thu do do charaid.
Minig a chaidh beachd sgoinneil
Trulainn agus a dholaidh.

Càirdeas Buan
Thoir aodach math
Do chàch a chèile
Mar charaidean a chì a h-uile duine.
Tha toirt agus gabhail
Nan urra den ghaol
A tha sìorraidh seasmhach.

Samhlachadh
Tha caraid agad
Sa bheil earbs' agad air èiginn,
Do nach innis thu sìon.
Le gàire mheallta
'S le briathran fada,
Thoir seòltachd air seòltachd.

Beairteas
'S ann aig an fheadhainn a tha tapaidh
'S fialaidh a tha 'n saoghal as fheàrr.
Chan eil iad ri aithreachas ach uair ainneamh.
Tha an duine gun tùr
An-còmhnaidh fo iomagain
'S an-còmhnaidh sna fiachan.

Aonaranachd

Giuthas leis fhèin
Anns an raon,
Bidh e a' seargadh.
Fear leis fhèin air nach eil gaol aig neach,
Dè mar as urrainn dha
Mairsinn fada?

Sìth Bhrèige

Bidh sìth bhrèige
Eadar caraidean a' losgadh
Nas luaithe na 'n teine.
Ann am beagan làithean,
Bidh 'n lasair a' trèigsinn
'S an gaol air fad a' falbh.

Stròdhalachd

Na cuir uallach air neach
Le cus thiodhlacan.
Bidh tiodhlacan beaga gu tric a' tarraing molaidh.
Le aran air a roinn
Is cuach eadar dithis,
Bu mhinig a fhuair mi càirdeas.

Diùid

Bidh lasair bhon dara plocan
A' leum a dh'ionnsaigh na lasrach eile.
Bidh teine gabhail teine.
Bidh fear ag èisteachd is ag ionnsachadh mar sin.
Bidh am fear a tha diùid
An-còmhnaidh gun doimhneachd.

Tràth

Èirich tràth
Ma tha thu 'g iarraidh fonn
No beatha fear eile.
Chan fhaigh madadh-allaidh
A tha na leisgeadair uan.
Cha ghlèidh thu cath na do laighe.

Sùbailteachd

Èirich tràth 's dèan
D' obair mura bheil cuideachadh ri fhaighinn.
Bidh meall ri dhèanamh
Aig fear-cadail-gu-eadradh.
Bheir an fheadhainn a tha luath
An duais a-mach.

Cuirm gun Chuireadh

'S iomadach àite
Don d' rinn mi mo shlighe
Fadalach is an deoch air falbh
Air neo gun a bhith air nochdadh.
Chan eil fàilte
Ron aoigh a tha gun chuireadh.

Aoigheachd

Gheibhinn cuireadh
Dhan a h-uile h-àite
Mura robh mi 'g ithe sìon
Air neo nam fàgainn sìtheann
Aig taigh eòlaich
Far nach do ghabh mi ach aonan.

A' Bheatha

Tha feum aig duine air blàths,
Blàths teine
'S blàths na grèine.
Tha fear na shlàinte
Na fhear toilichte
Dha nach èirich ciùrradh no tinneas.

Uasal

Ged a tha do shlàinte
Ri dol bhuaithe,
Chan eil a h-uile càil air chall.
Faodaidh tu bhith uasal às na balaich,
Às do chridhe loinneil
'S às an obair a tha thu air dèanamh.

Beò air Èiginn

'S fheàrr a bhith maireann
Seach gun a bhith ann.
Cha cruinnich duine marbh beairteas.
Chunnaic mi teine blàth
Ann an taigh duine bheairtich
Is e fhèin marbh san doras.

Tha Feum sa h-Uile Duine

Am bacach air muin eich
Is an ciorramach ag iomain a' chruidh.
Tha 'm fear bodhar
Calma sa bhlàr.
'S fheàrr do dhuine bhith dall na air a thiodhlacadh.
Chan eil duine marbh math air càil sam bith.

Cliù

Bidh an crodh a' siubhal,
Bidh 's luchd-cinnidh.
Chan eil duine sam bith seasmhach.
Faclan molaidh,
Cha tèid iad a dholaidh gu bràch
Is cha tèid na ainm uasal.

Blake: Nèamh is Ifreann

1. An àm na curachd ionnsaich, an àm an fhoghair teagaisg, an àm a' gheamhraidh gabh tlachd.
2. Iomain do chàrn 's do chrann thairis air cnàmhan nam marbh.
3. Tha 'n rathad air a bheilear a' dol thar na còrach a' sìneadh gu lùchairt a' ghliocais.
4. 'S e th' ann an crìonnachd ach cailleach bheairteach ghrànda air a bheil dìth comais a' suirghe.
5. Am fear a mhiannaicheas is nach gnìomhaich, bidh e tàrmachadh plàighe.
6. Bidh a' chnuimh air a gearradh a' toirt mathanais don chrann.
7. Tum am fear san abhainn aig a bheil gaol air uisge.
8. Am fear nach toir an t-aodann aige solas, cha bhi e na reul a-chaoidh.
9. Chan fhaic amadan an t-aon chrann a chì duine glic.
10. Tha an t-sìorraidheachd ann an gaol le saothrachadh an ama.
11. Chan eil ùine aig an t-seillean dhripeil a bhith ri bròn.
12. Tha uairean an amaideis air an tomhas leis an uaireadair ach chan urrainn do dh'uaireadair sam bith an gliocas a thomhas.
13. Glacar gach uile biadh fallain gun lìon no gun ribe.
14. Thoir a-steach àireamh, cuideam is tomhas ann am bliadhna gainne.
15. Cha bhi eun sam bith ag èirigh tuilleadh is àrd mas ann air na h-itean aige fhèin a bhios e 'g èirigh.
16. Cha bhi marbhan a' dìol na tha e air a leòn.
17. 'S e 'n gnìomh as uaisle th' ann neach eile a chur air thoiseach ort fhèin.
18. Nan cumadh an t-amadan air na chuid amaideis, dh'fhàsadh e glic.
19. 'S e 'n t-amaideas fallaing na slaightearachd.
20. 'S e nàire fallaing an uabhair.

21. Togar prìosain le clachan an lagha agus taighean-strìopachais le clachan-crèadh' a' chreideimh.
22. 'S e uabhar a' gheasadaich glòir Dhè.
23. 'S e drùis a' ghobhair fialaidheachd Dhè.
24. 'S e luime boireannaich obair Dhè.
25. Bidh cus bròin ri gàire. Bidh cus gàirdeachais ri gul.
26. Tha beucaich nan leòmhann, donnalaich nam madaidhean-allaidh, gàir a' chuain agus an claidheamh a sgrìosas nan cuibhreannan den t-sìorraidheachd a tha tuilleadh is mòr do shùil mhic an duine.
27. Bidh an sionnach a' dìteadh na ribe seach e fhèin.
28. Bidh aoibhneas a' dèanamh torrach. Bidh am bròn a' breith.
29. Is e corraich an leòmhainn eagna Dhè.
30. Caitheadh an duine fionnadh an leòmhainn, caitheadh am boireannach rùsg na caorach.
31. Don eun an nead, don damhan-allaidh an lìon, do mhac an duine càirdeas.
32. Thèid an t-amadan a' gàire ris fhèin 's an t-amadan gruamach a mheas glic gus am bi iad nan slat.
33. An rud a th' air a dhearbhadh a-nis, bha uair nach robh ann ach mac-meanmna.
34. An rodan, an luchag, an sionnach, an coineanach, seallaidh iad air na freumhan; an leòmhann, an tìgear, an t-each, an t-ailbhean, seallaidh iad air na measan.
35. Bidh an t-amar a' gleidheadh, bidh am fuaran a' cur thairis.
36. Lìonaidh aon smuain an àibheiseachd.
37. Bi deiseil daonnan gus d' inntinn a chur an cèill agus seachnaidh duine suarach thu.
38. Tha gach nì a ghabhas creidsinn mar ìomhaigh den fhìrinn.
39. Cha do chaill an iolaire uimhir a thìde 's a chaill nuair a ghèill e a dh'ionnsachadh bhon ròcas.
40. Bidh an sionnach ag ullachadh dha fhèin ach bidh Dia 'g ullachadh airson an leòmhann.
41. Gabh beachd anns a' mhadainn. Cuir an gnìomh aig meadhan-là. Gabh biadh anns an fheasgar. Dèan cadal anns an oidhche.
42. Tha 'm fear a thug ort cur air eòlach ort.

43. Mar a leanas an crann briathran, bidh Dia a' toirt luach-saothrach air ùrnaighean.
44. Tha tìgearan na corraich nas glice na eich an oideachaidh.
45. Bi an dùil ri nimh bho uisge balbh.
46. Cha bhi càil a dh'fhios agad a-chaoidh dè tha gu leòr mura bheil fhios agad dè tha barrachd is gu leòr.
47. Èist ri achasan an amadain! 'S e urram a th' ann!
48. Sùilean an teine, cuinnlean na h-àile, beul an uisge, feusag na talmhainn.
49. Tha am fear a tha lag ann am misneachd làidir ann an seòltachd.
50. Cha bhi 'n t-abhall a' faighneachd den bheithe ciamar a dh'fhàsas e 's cha bhi 'n leòmhann a' faighneachd den each ciamar a ghlacas e a chobhartach.
51. Bheir am fear a ghabhas le buidheachas foghar lìonmhor seachad.
52. Mura b' e 's gun robh feadhainn eile air a bhith gòrach, bha sinn fhèin.
53. Cha ghabh anam an aoibhneis truailleadh.
54. Nuair a chì thu iolaire, chì thu cuid den tùr. Tog do cheann!
55. Mar a thaghas a' bhratag na duilleagan as fheàrr gus na h-uighean aige bhreith orra, bidh an sagart a' cur a mhallachd air an t-subhachas as maisiche.
56. 'S e obair nan linntean a th' ann dìthean beag a chruthachadh.
57. Bidh dìteadh a' teannachadh. Bidh beannachadh a' socrachadh.
58. 'S e 'm fìon as fheàrr am fìon as sine, 's e 'n t-uisge 's fheàrr an t-uisge 's ùire.
59. Cha bhi ùrnaighean a' treabhadh! Cha bhi molaidhean a' buain!
60. Cha bhi 'n subhachas ri gàire! Cha bhi 'm bròn ri gul!
61. An ceann an tì as àirde, an cridhe drùidhteachd, na buill-ghineamhainn an àilleachd, na làmhan 's na casan cothromachadh.

62. Mar a bhios an àile don eun no a' mhuir don iasg, tha gràin don fhear a tha gràineil.

63. B' fheàrr leis an ròcas gun robh a h-uile nì dubh, b' fheàrr leis a' chaillich-oidhche gun robh a h-uile nì geal.

64. 'S e th' ann an cur-thairis ach an àilleachd.

65. Nan robh an leòmhann air comhairle fhaighinn bhon t-sionnach, bha e air a bhith seòlta.

66. Nì leasachadh rathaidean a tha buan ach 's iad na rathaidean lùbte gun leasachadh rathaidean an tùir.

67. B' fheàrr naoidhean a mhurt na chliabhan na miann gun ghnìomh altram.

68. Far nach eil mac an duine, tha saoghal nan dùl fàs.

69. Cha ghabh an fhìrinn innse a-chaoidh gus an tuigear is nach creidear i.

GLASADH

Na Coimhich
(après C. P. Cafavy)

Cò ris a tha sinn a' feitheamh
A-nis agus an glasadh
Air a lasachadh?

    Tha dùil ris na Coimhich
    An seo 'n-diugh.

Ciamar nach eil dad a' tachairt air a' chladach?
Ciamar nach eil a' chlann a' cluich
Air Cnoc na Ceàrdaich
Is air Cnoc na Buaile Càrnaich?

    Tha seach gu bheil na Coimhich
    A' tighinn an-diugh.

    Shin agad crìoch is deireadh
    A-nis air an t-sìth
    Gu suthainn sìorraidh.

Carson a dh'èirich sinn cho tràth?
Carson an othail 's a' bhreisleach?
(A h-uile duine cho dubhach.)
Carson a tha Barabhaig cho falamh
'S a' huile duine falbh
'S a' dol dhachaigh?

Seach gu bheil e na chiaradh
Agus cha do nochd na Coimhich
Agus tha feadhainn ag ràdh
Nach eil a leithid a rud ri coimheach
No a leithid ann a thuilleadh.

Dè tha dol a dh'èirigh dhuinn gun choimhich?

'S e bh' annta dhiubh,
An fheadhainn ud, seadh,
Ann an dòigh, fuasgladh.

Air a' Chàisg

Agus glasadh an t-sluaigh gun togail,
Ag èirigh fodham air mo shiubhal air a' Chàisg

Air mo thuras an Cnoc na Croiche Dihaoine na Ceusta
'S a' tighinn am bàrr a-rithist Latha Luain

Far am biodh iad a' dol suas a thional
Treud nan caorach is nan uan ac' air ais nan latha,

Gu h-ìseal, feuch, anns an raon,
Fhathast an t-aon lus an aisig.

A' Chuairt Dheireannach

A' feitheamh ris a' chuairt dheireannaich
De Chuach na Cruinne ri glasadh an t-sluaigh
Feasgar eadar dà shian air a' chadha
Bhon Bhealach Bhreac don Bhealach Bhàn,
D'fhairich mi gu h-ìseal am badeigin
A' *ghug-gùg* mu dheireadh am-bliadhna.

Cainnt nan Eun

Anns a' Choille Bhig
Ann an glasadh an t-sluaigh leam fhìn
Eadar sneachda beag breith nan uan
Mè mè! 's glasadh na cuthaige
Gug-gùg! Gug-gùg! Gug-gùg!
Tha e a' bualadh orm uair eile
Nach fhaca mi 'n fheòrag-ruadh,
Och, bho linn Oisein
Hug air ì-a, hug air ìr-u
An lùib nan geug 's nan gallan
An lùib nan craobh cho gann
Sinn dubh gu bhi nàilibh i
Seach an fheadhainn ghlas ud
A thàinig a-steach air a' Ghàidhealtachd
Kuk, muk-muk, quaa,
Hi rì rì ill ù ill o ro
Ro ro ri linn Victoria
'S a sgaoil mar sin mun tuath
Fail iù fail eò, hillinn o ho.

'S an uair sin anns an fheasgar
Ann an Coille nan Crò
Fàil ill èileadh ho a ò èileadh
A' bruidhinn rium fhìn 's a' stad
Gus èisteachd ri cainnt nan eun
Agus an là coimheach fhèin balbh:
Till, till, na creach mo nead!
Tha mo chùl riut, chan ann de mo chuideachd thu!
Cà bheil an còrr, an còrr, an còrr?
Tha mi cianail, fàg leam fhìn mi!
Lon-dubh, na hog i ho-rò!

Triall

Agus gun duine beò mu mo ruighe
Ri linn glasadh an t-sluaigh,
'S gann, a chiall, gur lèir dhomh
Solas air siubhal a' bhaile
Bhon Druim Bhàn gu Coille nan Cnò
'S hi ri rì ò ho èileadh

Agus na coigrich-shamhraidh
'S na h-eòin-shiubhail air falbh,
A' chuthag is an smùdan
Is an t-amadan-mòintich,
An ceap-dubh 's an lon-monaidh
'S glaiseag-bhuidhe na buaile
'S hi ri rì ò ho èileadh

Agus an taigh-geal ud thall
Far an robh bothan beag dlùth
Far an rachadh na gillean
Ri siorraireachd is caithris bho shean
Is gun ann ach na fraighean falamh
'S hi ri rì ò ho èileadh

Agus ri cuallach nam bò
'S an crodh-laoigh 's na h-aighean
Gan àrach aca san eadradh
Is na caoraich air àirigh
'S an damh-donn sa bhùireadh
Mun chùl-chinn ri bonn na beinne
'S hi ri rì ò ho èileadh

Gus an rachadh mu dheireadh
Thall 's a-bhos an teine-leathann
Làn easrach a lasadh ron triall
Air an tulaich oidhche na h-imrich
Thairis air ceum nam banachagan
'S hi ri rì ò ho èileadh

An Àirigh Loinid Omhain,
San Àirigh Fhraoich, an Àirigh na Bèiste
'S Àirigh Lagain 's Àirigh Chorrach,
Àirigh nan Gobhar, Àirigh nan Losgann,
Àirigh nan Sligean, Àirigh Mhic Dhàibhidh
'S Àirigh Phàdraig is Àirigh na Suirghe
'S air an ais dhan taigh-gheamhraidh
'S hi ri rì ò ho èileadh

Geal is Buidhe

Ged a bhiodh an glasadh ann
Fhathast is Là Bealltainn oirnn
Is an dèidh sin an rot bhon cheann a tuath

'S a' chuileag-mhìn là sam bith tuilleadh
Agus na bloighean mu dheireadh thall
Den t-sneachda 'm bàrr Ladhar Bheinn

Is air an Linne Shlèitich, na faoileagan
A' tighinn am bàrr is a' leantainn nan seòl
Is an conasg thall air an Druim Bhàn

Is canach an t-slèibhe 's na h-uain
Is gruag Moire 's an teanga-mhìn
Is an rabhagach is an ruaimleach

Is an fhleann-uisge 's feusag nan laogh
Is an conasg is an creamh 's an cearban-feòir,
Am màdar-fàil is bainne nan each,

Lus a' chadail is an sgrìochan-caillich,
Blàthan an t-seilich is an t-seileastair,
Lus na fala 's an lasair-lèana,

Seamrag nam buadh is an lìomhag-fhada,
Sròn an laoigh 's an lus-curaidh,
Lus a' chorrain is bròg na làrach,

An comann-searraich is am beàrnan-Brìde
'S am bileagan-bàthte 's am machall-monaidh
'S an fhuinnseag-coille 's am meacan-easa

'S am meacan-slèibhe 's lus MaRuibhe
'S am fuath-mhuc is bròg na cuthaige
'S am paidirean-bàn 's an t-sòbhrag ann,

An dèidh sin 's air a shon sin uile,
Seadh, nach buidhe dhuinn
'S nach iad seo na làithean geala.

San Taigh Ghorm

Air mo dhùsgadh anns a' ghlasadh
Là Buidhe Bealltainn
Agus ceann goirt is aithreachas orm,
Dè dhèanainn ach èirigh
'S dol a-mach dhan taigh ghorm
Far a bheil lus na gaoithe
'S lus na suirghe 's lus an fhògraidh
'S bròg na cuthaige 's am brocan
'S iad air nochdadh a-rithist
Às ùr mu mo chasan
Agus m' fheusag a nigheadh
Ann an dìleagan den dealt
Agus an uair sin braon
De mo mhùn fhèin òl às mo bhasan
Agus a shuathadh ri mo chraiceann?

Iomairt nan Clach

Shiubhail mi san Fhaoilinn leam fhìn gun bhacadh
Agus gaoth bhon ear a' sracadh

Is faram nan tonn mu na sligean air a' mhol
Bucha Makariv Mariupol

Far an cuireadh iad air iomairt nan clach
Kolomyya Bakhchysarai Backmach

Och ann an linn cogadh nan con
Hi ri ri Kharkiv Kherson

Is och nach b' iad na fir
Kalush Poltava Staryi Sambir

Agus na fir chalma
Balaclava Calafat Kurekdere Alma.

•

Chì mi na h-ògain air a' Chnoc thall gam bogadh
Ò nàili bho hò 's na h-iseanan a' gnogadh

Agus fo mo spòig an talamh bog
Mar bhlàr-mòna *Kiliia Krivoy Rog*

Agus mar chlach às an adhar gu h-àrd, gearradh-glas
Aurrrrrr! Doneysk Donbas

Is chì mi tè san sgàilean bhuam thall
Air m' ais air a' Chruard is fuil air a sgall

Agus an speuran ud nan lasadh
Air mo dhùsgadh anns a' ghlasadh

Agus na cuirp a' fàs grod
Kaharlyk Tulchyn Myrhorod

Anns a' bhuachar, a Dhia,
Chall èile Zaporizhzia.

Moch gu Abhainn

'S ann a thug mi fad an latha
Leam fhìn eadar an glasadh is an ciaradh
Air bruach Abhainn Cheann Locha,
Na broinn agus air a bàrr
Mu seach agus anns a' bhoglaich
Na bh' ann de chanach bàn an t-slèibhe
'S claigeann reithe 's, gun fhiosta, naosg
Is an Cuilitheann thall bhuam gu h-àrd
'S mi ri grunnachadh is a' caitheamh
Mo shlaite fad an t-siubhail dhan ghlumaig
Far an robh mas fhìor iomadach gruagach is glaistig
Agus a' gabhail beachd air sruth na h-aibhne
'S mar a chaidh mo shùil a tharraing
Agus bhuam gu h-ìseal a' chuileag-Chèitein
Anns a' pholl fhathast gun èirigh
Dhan uachdar far an dèan i gur
Agus na h-iteagan-sròil a sgapadh
Agus gun do ghlac mi air mo dhubhan
Bradan – sicir, cho glic ri bàrd –
Is gun deach a chall san linne mu dheireadh.

Saothair

A' rùileach an lùib nan claimheagan-caothaich
Is nan crùbagan-odhar air an t-sleamhnachd
Eadar an tiùrr aig Rolaig Roid
Is an t-saothair gu ruig' Eilean Sionnaich
Agus gu h-àrd an taigh-solais
Leam fhìn 's a' cumail fad an sgadain
Bho chàch ri linn glasadh an t-sluaigh,
Siud bhuam a' togail ceann
Muasgan tiota 's an uair sin, seall,
Fear eile mar charraig-bhàthte nam fhianais
No sgeir-thràghad ris a' ghrèin.

Gabh thus' air do shocair, thuirt mi rium fhèin,
Seadh, mar a dh'fhàsas tu teann ri fear aca
Gus a ghlacadh no 's iongantach
Nach bi e dìreach a' dol fodha
Mar sin a-mach às an t-sealladh
Agus nach e sin a dhèirich
Agus an seòl-mara marbh thall
Agus gun char às an làn
Agus, och, nach dìomhain mo dhàn.

A' Chiad Char

Agus na duilleagan-cruithneachd a' fàs buidhe
Mar a tha 's an raineach ruadh
Thall gu h-àrd air an Druim Bhàn
Agus an glasadh dlùth 's dlùth
'S gu h-ìseal an Fhaoilinn
Far am bi 'n fheamainn a' tionndadh

Agus am foghar geal ann,
A' sealltainn bhuam a' chiad char
Air a' ghàrradh am beall na grèine
'S an dealt cho trom air an fheur
Air a bhearradh ag atharrachadh an dath,
Chan aithnich mi Sultain seach Bealltainn.

Boraraig

Air ais gu moch anns a' ghlasadh
Ann am baile-bàn Bhoraraig
Far an deach an sluagh
Fhuadach o chionn linn crochadh nan con,
Cha do mhothaich mi bhuam shìos
Air mo shiubal ach fitheach-dubh air feannaig
Agus thall ud sgitheach no dithis
A' fàs a-mach às na clachan.

Crìoch

An dèidh 's nach tàinig crìoch
Air glasadh an t-sluaigh, coma leat!
Chan eil an saoghal uile-gu-lèir na thost

Agus balaich an iasgaich ud ris
Is *bha leò* mnathan a' chlèith-luaidh
Chall èileadh a' bualadh nam bas

Is na fir air fireach an fhèidh
'S a' chlann-nighean *ho ri* ri bleoghann
'S na cailleachan *hò hi ù* ri snìomh

Is bodach a' togail an fhuinn
Hog oireann 's am poball na fhianais
Beò, seadh, a-mach às a' *wireless*.

Suathadh

Dhùisg mi gun èirigh sa ghlasadh
Agus laigh mi dìreach air m' ais
Agus na sùilean agam letheach dùinte
'S an solas aig an doras-mhòr fhathast na lasadh
Agus thug mi suathadh le m' ìnean
Air mo ghàirdean is thug an fhuaim
A rinn mi ri mo chraiceann
Gu m' aire tiotan an cruasb ud
Is an cnagadh aig a ceum
Fodham air a' ghrinneal gharbh
Agus i ri tilleadh a-nuas
An casan a' sìneadh bhon taigh
Gu ceann an rathaid
Ri tràth marbh na maidine.

A' Cheist

A' coimhead bhuam timcheall
Air bàrr Beinn Sgritheall
A' tighinn am follais thar na Linne
'S an glasadh a' falbh
Beag is beag is na sgòthan
A bha dlùth bho chianaibh
A' sgapadh is an Dùbhlachd oirnn,
Chan e dìreach a' cheist
A bhios a' cur orm *ubi sunt?*
Mar a bh' aig na bodaich eile
Bho shean, air a chaochladh,
'S e th' agam ann an da-rìribh
An dùil cà bheil an sneachda
Geal ùr ud am-bliadhna?

Hebridean Princess

Chunnaic mi ris a' ghlasadh
Didòmhnaich eadar an dà sholas
Ann an Sanndaig is Eilean Sionnach
A' tighinn am follais a-mach às a' cheathach
A' falbh gu deas thar na Linne
Tiotan bhuam an *Hebridean Princess*
Thall ud san robh mi nam bhalach
Cuide ri càch nar luchd-tathaich
A-mach às an Òban Latharnach
Mar shamhla soithich-chuairt
Is i dubh gu h-ìseal mar an t-atharnach
Is geal gu h-àrd mar an t-anart
Is a' siubhal à sealladh thar na fàire
'S an uair sin a' dol dhachaigh.

Aisling

Eadar mo chadal is mo dhùsgadh
Ri aisling air là na h-imrich
Is an glasadh ann, fhuair mi plathadh
Den Linne Shlèitich ag èirigh
Mun uinneig is a liuthad fang
Is boirche 's beithir
Is cugar a' siubhal nan deann
Gu h-àrd mun mhonadh thall
Far an rachadh an triall
'S an cuireadh iad ris an fhalaisgeir
Agus a' Choille Bheag na roitean
Is iad a' dèanamh air Beinn na Seamraig
Is Beinn Bhreac sa cheann a tuath
'S an uair sin a' dol à sealladh.

Caitheamh

Seo sinn a' fàgail uair eile
Soitheach an sgudail
Ri ceann an rathaid thall
Fad na h-oidhche le soithichean chàich
Agus an uair sin ag èirigh
Sa ghlasadh Là Luain
'S a' seasamh 's a' feitheamh dreis
Aig an uinneig a' sealltainn
A-mach air carbad na luaithe
'S an solas air dhath 'n òir
Gu h-àrd a' dol gun sgur
Is na fir ud air an cuairt
Gan togail is gan caitheamh
Suas is gam falmhachadh
Is gan tarraing air ais
Is an uair sin a' falbh
Is an uair sin a' teannadh
Ris an aon obair a-rithist.

Glanadh

Agus an turadh mu dheireadh
Thall is a-bhos air nochdadh
An dèidh a' ghlasaidh
'S na bh' ann den t-sileadh
Is den dìle bhàthte, seadh,
Agus an Dùbhlachd dlùth
'S oiteag chiùin shèimh
A' sèideadh às a' cheann a tuath
'S a' ghrian ris mar nach robh
Bho chionn fhada bho chianaibh,
Seo sinn a' dol a-mach
Gus an t-anart glan a chrochadh
Am fianais nan coimhearsnach
Le misneachd às ùr Didòmhnaich,
Là, seadh, a' Chuimhneachaidh.

Aisling

Chunnaic mi ris a' ghlasadh
An dèidh dhomh bhith nam chaithris
Eadar mo mhosgladh is mo chadal
Mar gum b' eadh nam aisling
Lod Mòr a' cur thairis
Is a' taomadh a-mach air a' Chlachaig
Is Linne Shlèite ri làn-mara

'S an là dubh gun ghlanadh
Agus bhuam Eilean an Sgadain
A' dol na Ròcabarraigh
No na Thìr fo Thuinn air m' fhacal
No na Thìr a' Gheallaidh

'S na bh' ann de ghailleann
A dh'èirich romhainn cho garbh
Àrd thar comas labhairt

Is eathar air na clachan
Is na broinn bodach marbh
Is gun sgeul air na maoir-chladaich
Is an ùir ga creimeadh leis a' ghaineamh
Is ga siabadh air falbh
Is an sàl mun t-sreang-anairt
Is a' dèanamh air an stairsnich

Mar a chaidh a chur air mhanadh
Anns an dà-shealladh
Le Coinneach Odhar o chionn fhada
'S dìreach fhathast air mhaireann
De shluagh air thalamh
Tè ruadh is triùir chailleach.

Dol air Ais

Chì mi bhuam air Nollaig anns a' ghlasadh
Eadar mo chadal is mo dhùsgadh
Ìomhaigh 's an reothadh a' leaghadh
Agus an Linne Shlèiteach ag èirigh nam fhianais
Agus an sileadh a' caochladh uair mu seach
Bhon dìle-bhàthte gu turadh is grian an àigh

'S a' ghaoth làidir a' fàs nas miosa
'S a' Choille Bheag air a dhol air ais
Agus an ùir-uachdair air cnàmh
Agus an crodh Gàidhealach air an Druim Bhàn
A' dol air chuthach is às an rian
Agus thall far an rachadh na daoine

Bho shean gu Cùl nan Cnoc air chuairt,
Tha fios, aig àm glanadh a' bhaile
'S am bodach-sneachda sa ghàrradh
A bha cho geal ris an anart
No ri corp dìreach bho chianaibh
A' dol na chailleach-shneachda.

Diluain Traoighte

A-nis agus Oidhche nam Bannag
Is a' chiad cheum aig a' Bhliadhn' Ùir
Is a' chèilidh mhòr ud seachad
Is an fheadhainn bheag' a' dol air ais,
Diluain Traoighte chaidh mi a-mach
Air an rèidhlean leam fhìn
Eadar an dà sholas
Eadar a' ghealach is a' ghrian
A' chiad char anns a' ghlasadh,
A' seasamh dreis is a' feitheamh
Dìreach is a' gabhail fadachd
A-rithist ris an uair
A bhios na gealagan-làir air nochdadh
Gun tighinn air lus an Aisig.

Glanadh nam Poll

Agus an glasadh air falbh,
Siud am bodach mu dheireadh thall
A' strì ris a' bhruthaich air an t-sliabh
Air an Druim Bhàn os cionn a' bhaile
Dìreach a ghlanadh nam poll
Dìreach aon uair eile
'S an uair sin ga thogail ann an cliabh
'S a' tarraing air ais dhachaigh.

Là Fhèill Brìde

A h-uile càil an altaibh
A chèile 's cho rèidh

Ri glasadh an latha
'S an Gearran air tighinn –

Thall air Sgeir nan Gillean,
Seall, na gillean-brìde

'S air an Druim Bhàn san àird eile,
De chrodh-dubh mun mhaoilinn ann

Agus air an Fhaoilinn,
De dh'fhaoileagan 's de bhrìdeagan-sneachda.

An Dà Dhòlas

Siud an dà dhòlas ud thall
A-rithist air an taobh eile
Den chachaileith san Druim Bhàn
Agus an glasadh air falbh,
An crodh Gàidhealach,
Seadh, 'na Gàidheil'
Mar a chanadh na bodaich riutha
Pruch! Prus-ò! Suc suc! nan latha
'S iad a' coimhead orm gu balbh
Eadar mhulad agus iongnadh,
Gun anail, gun charachadh
Agus gun de dh'fhuaim ach an ràn
Aig a' chloinn is mèileach nan caorach
Ri fhaireachdainn air siubhal a' bhaile.

Mo Cheist

Air mo chois ri glasadh an latha,
Seo mi ris na soithichean,
Ris an t-soitheach fhèin, seadh,
Uair eile mus dèan mi air ais
Air na plaidean agus an uair sin
A' sealltainn tacan a-mach
Air an uinneig agus thall aon solas,
Air cho fann, bhuam san Linne

'S a' gabhail fadachd ris an uair
A nochdas lus an Aisig is na gealagan-làir,
Chan i mo cheist an-diugh, mo chreach,
Càite bheil an sneachda
Geal ud a bh' ann an-uiridh?
Seach Cà 'il na làithean, an dùil,
A bh' ann uair dhen t-saoghal cho geal
Ri sneachda na h-aon oidhche?

Geilt

Mar gum b' ann air a' chiad cheum,
Earb sheang is grìoch
A' geilt gun chrònan 's gun raoic
Eadar an cùl-cinn is Cùl nan Cnoc
Is a' sròineachadh na gaoithe
'S eàrr is feaman dìreach
A' nochdadh an uair sin
San t-solas air cho fann
Mun rainich-chruaidh air seargadh
Is iad a' falbh cho luath
Mar sin thar cabar na beinne
Tacan geàrr bhuam
Air mo chuairt ris a' ghlasadh
A' chiad char as t-earrach
Eadar Latha Fèill Brìde
'S Ciad Fhèill Moire.

Sa Chnoc

Agus mas e gun cuir eòlach
No cuid air choreigin as aithne dhomh ceist
A bheil sibh air a bhith sa chnoc
Bho chunnaic mi sibh mu dheireadh
Is bho dh'fhalbh glasadh an t-sluaigh?
'S e na bhios mi 'g ràdh riutha:

Chan eil mi ann an da-rìribh, dìreach
Ann an Cnoc Àirigh Mhic Dhàibhidh 's ann an Cnoc an Fhradhairc,
Ann an Cnoc an Fhraoich Shìomain's ann an Cnoc an Anairt,
Ann an Cnoc Sgeir Eòin's ann an Cnoc na Buaile Càrnaich,
Ann an Cnoc na Croiche 's ann an Cnoc Leitir Chaillich,
Ann an Cnoc a' Chridhe 's ann an Cnoc Buaile 'n Easa.